部落格療法

《部落格療法》

《部落格療法》
作者：向日葵

（第二版）

中文電子書於 2012 年由電書朝代製作發行，推廣銷售
電書朝代 (eBook Dynasty) 由澳洲 Solid Software Pty Ltd 經營擁有
Web: http://www.ebookdynasty.net/
Email: contact@ebookdynasty.net

繁體中文版紙本書於 2017 年由 IngramSpark 隨需印刷
Ingram Content Group 推廣銷售
版權所有，翻印必究

《部落格療法》

給　有心的人

目　錄

關於本書　　　　　　　　　　　　　　　　　　6
部落格療法（代序）　　　　　　　　　　　　　7

第一部：我見我聞　　　　　　　　　　　　　9
史蒂芬・金筆下的普通女人　　　　　　　　　11
金山的誘惑　　　　　　　　　　　　　　　　15
火戰車在中國　　　　　　　　　　　　　　　17
冬至花燈遊行　　　　　　　　　　　　　　　20
傾國之戀　　　　　　　　　　　　　　　　　23
無所不在的布萊克　　　　　　　　　　　　　26
你是倉庫還是宮殿？　　　　　　　　　　　　30
細數《京華煙雲》　　　　　　　　　　　　　33
賽珍珠的《大地》　　　　　　　　　　　　　37
從廣島到墨爾本的核戰　　　　　　　　　　　40
關於藝伎的政治　　　　　　　　　　　　　　45
《三杯茶》的啟示：父母給孩子最好的禮物　　50
我的四位神父　　　　　　　　　　　　　　　53

第二部：我思我感　　　　　　　　　　　　57
逛書店的辛酸　　　　　　　　　　　　　　　59
心碎的滋味　　　　　　　　　　　　　　　　62
死亡是現實和永恆的第一次接觸　　　　　　　65
嘉莉，我的嘉莉　　　　　　　　　　　　　　68
愛因為記憶而存在　　　　　　　　　　　　　71
偷來的禮物（三之一）　　　　　　　　　　　73
偷來的禮物（三之二）　　　　　　　　　　　75

偷來的禮物（三之三）	78
也是 Ripley	82
不是最美的美女	85
愛的十個條件	88
毛澤東時代的最後舞者	93
末代武士	97
《倩女幽魂》的聯想	100
你有幾盒面紙？	103
飄洋過海來看你	106
當文學變成資訊：我的電子書初體驗	110

第三部：網路雜談   **113**

草泥馬大戰河蟹	115
人肉搜索引擎（三之一）	118
人肉搜索引擎（三之二）	121
人肉搜索引擎（三之三）	124
網路第二代	127
「維基揭密」始末（三之一）	130
「維基揭密」始末（三之二）	135
「維基揭密」始末（三之三）	138
部落格是私人空間嗎？	142

關於本書

　　《部落格療法》這本小書所收錄的,是作者向日葵(筆名)於 2010 年二月至十二月為其部落格「陽光下的聲音」所寫的四十篇文章。每篇文章的結尾都註明了網路的刊載日期,然而它們在這本書中的排列順序,卻因為全書文氣順暢的要求而和現實的刊載順序,而有些微的不同。
　　「陽光下的聲音」部落格:http://blog.ylib.com/sunflower
　　向日葵,1971 年出生於中華民國台灣省台北市,現居澳洲墨爾本市,為中英雙語作者、譯者、論者和讀者。

部落格療法（代序）

　　人是不堪寂寞的動物，因此我們創造語言。語言如果不被當作溝通的工具，就沒有存在的價值。一個人對自己說的話不能稱為語言，所以叫作「獨白」，然而即使是在戲劇中，獨白也是幫助觀眾了解主角內心感受的最佳工具，所以還是和溝通脫不了關係。

　　目前網路上的部落格何止成千上萬，這符合了當初網際網路成立的宗旨之一，也就是促進民主的觀念。每個人都有聲音，每個人也有管道來表達自己的思想感受，每個人更有無窮的機會去接觸並了解這些思想感受，同時立即把自己的反應傳送出去，進而引起更多的迴響。這是網路之所以造福人類的最大功用：協助人與人之間立即而直接的溝通。

　　透過部落格，我們把自己的聲音傳出去，這使我們相信自己不是孤獨的存在，在這茫茫人海中還有能力和機會與人連繫。我們是如此渴望和人接觸，以至於選擇透過個人在地球一角的聲音來呼喚全世界的群眾。我們呼喚，因此我們存在。

　　透過部落格的閱讀，我們聆聽他人的聲音，這使我們確定自己永遠不會孤單，同時願意在這茫茫人海中盡力尋找機會和人連繫。他人的聲音撫慰我們的心靈，我們因此而追尋並肯定他人的存在。我們伸出雙手擁抱他人，透過無形而卻無比真實地存在的網路空間，把自己的心和他人的心結合在一起。我們敞開心胸，因此我們存在。

　　心理學家早已肯定部落格的療養價值。無論是作者或讀者，都透過部落格釋放了個人的七情六欲，無窮的想望，深刻的思想或淺薄的悲傷。如果你也感到寂寞，不妨閱讀一個部落格。如果你對人性抱持著光明願景，不妨開闢一個部落格。我們每一個人都可以把自己放到舞台上進行獨白，而我們也是觀眾，在了解演員心情的同時也更進一步了解自己。

——原載於 2010 年二月二十四日

《部落格療法》

第一部：我見我聞

《部落格療法》

《部落格療法》

史蒂芬・金筆下的普通女人

　　從小看史蒂芬・金 (Stephen King) 的書，深深魅惑於那華麗恐怖的文字世界。我對怪物和血腥不感興趣，倒是十分喜愛普通人逐漸陷入危機或失去理性的過程，他們如何在現實和幻覺之間掙扎，從剛開始的截然拒絕恐怖，到心生懷疑，到全然接受，乃至於熱愛擁抱，這其間的心理調適取決於人性的彈性和張力，因此而有千百種面貌和特色，是為恐怖小說吸引人之處。

　　恐怖不一定要噬血，尤其是普通人的普通生活，在在可能面臨恐怖：臥室一角半夜傳來的蟑螂爬行聲，越來越頻繁的詐騙電話，家人生老病死的恐慌，學校裡的霸凌，婚姻裡的外遇或家暴，公司裡的謠言和歧視，求學求職不得的心碎，大環境經濟的衰退，犯罪率的節節升高，乃至於每個人對於未來一定會感受到的未知和茫然。恐怖之所以令人驚懼，正在於我們不知道自己是否有能力去面對。然而從另一個角度來看，恐怖之所以誘人，令人心嚮往之，正在於我們作為人類，因為勇於面對挑戰而得以成長茁壯，更因為順利度過難關而得以學到寶貴的經驗和教訓。

　　金筆下創造過不少女主角，然而真正能算是普通人的，也許只有《狂犬庫丘》(Cujo) 裡的唐娜，以及《傑若的遊戲》(Gerald's Game) 裡的潔西。（作者註：《桃樂西的秘密》(Dolores Claiborne) 中的桃樂西，以及《莉西的故事》(Lisey's Story) 中的莉西，應該也算是兩個普通的女人，只是這兩本書我還沒有機會細讀，只能以後有機會再評論了。）這兩個女人過的都是平凡的生活，即使在遭受巨變而奮起對抗的時候，用的也是平凡人的方式和心態，而沒有陷入瘋狂或訴諸於超自然能力。儘管如此，這並不表示她們的故事不值得關懷。正因為她們普通，發生在她們身上的故事才顯得奇特。

　　《狂犬庫丘》於 1983 年出版。書中的唐娜身為妻子、母親和家庭主婦，隨著兒子泰德的長大和丈夫維克特的事業發展，逐漸面臨所謂的

「空巢症候群」(Empty Nest Syndrome) 而感到生命喪失了重心和意義，在空虛恐慌的情緒影響之下和一個傢俱商有了一段短暫戀情，心中後悔不已。她試圖向丈夫坦白心中的感覺：每當她一個人在家，把所有家事做完而依然無法填補心中的那個空洞的時候，她就會聽見風聲吹起，幽幽的風聲好像吹在空蕩蕩的房子裡，好像在質問她，自己的人生難道就要這樣一分一秒地浪費掉嗎？兒子和丈夫的生活都有重心和樂趣，只有她不再被需要，生命的價值也因此而喪失了。

唐娜有心要回頭，然而一連串陰錯陽差的巧合卻導致她和四歲的兒子困在一輛拋錨的汽車裡，身邊只有一點零食和飲料，車外則是連續三天的熱浪和一隻患了狂犬病的聖伯納狗。這個困境似乎象徵她生命中的僵局，又飢又渴，燠熱難當，進退不得，恐怖隨時都可能降臨。如果她要保證自己和兒子安然脫身，就必須挺身戰鬥，甚至犧牲自己的生命也在所不惜。

衛道人士會以為《狂犬庫丘》闡述的是對於外遇者的懲罰，然而這本書卻可以有不同的解讀方式。每個人固然可以選擇不同的人生道路，也因此而付出代價，然而他或她的生命有許多時候卻完全受到命運的操控。唐娜本已和情人斷絕關係，然而在那三天之中，丈夫必須因公出差，車子偏偏出了問題，想修車時卻到處找不到褓姆照顧兒子而必須把他帶在身邊，修車匠正好進城尋歡，他的妻子不堪家暴而決定利用這個機會逃走，他們養的聖伯納狗剛好得了狂犬病，唐娜的情人也趁機利用她不在家的空檔而潛入屋中進行破壞，以至於警方在調查唐娜和兒子失蹤案件的時候完全被誤導了方向。更巧合的是那三天的熱浪，唐娜眼看著兒子逐漸脫水昏迷，自己卻無法離開車子，連搖下車窗都不能，只怕那瘋狂的大狗趁機攻擊。這樣的轉折雖然有些太過離奇，我們之中某些人的生命故事卻不也總是比小說還要充滿虛構意味？

人性的可貴在於面對危機時能挺身應對，這個道理，在1992年出版的《傑若的遊戲》一書中同樣也獲得標示。女主角潔西多年以來不堪丈夫傑若在床上的無厭索求，對於和他在每個社交場合逢迎諂媚的生活更感到厭煩，於是在一次度假期間做出反擊：正當傑若把潔西的雙臂用手

銬固定在床頭上，準備對她施暴時，她一腳把他踢到床下，沒想到他卻心臟病發作而死。他們的度假木屋位於空蕩無人的湖岸，於是潔西在孤立無援的狀況下，必須在自己渴死或餓死之前掙脫手銬，更恐怖的是屋外遊蕩而飢餓不堪的野狗，屋中逐漸增長而日夜移動的各種陰影，隨時有可能侵入或攻擊她的不速之客，當然更有她自己無邊無際的恐慌和想像力。

潔西的肉體雖然受制，心靈空間卻因此而無限擴張，她個性中不同的人格開始產生對話，這與其說是她的幻覺，不如說是她在潛意識中對自己過去、現在和未來的處境終於開始進行深切慎重的思考。長久以來她壓抑著童年時的一段痛苦記憶，在成長過程中也經歷或聽聞過各種暴行，這些經驗塑造了她厭惡異性卻又不由自主想要討好他們的心態，以及不斷自我否定的習慣。如今她面臨了自救的考驗：無論是肉體或是心靈，她都必須狠下心來深入解剖，找出自我人格問題的關鍵，用利刃挖開已經結疤的傷口而讓積累多年的惡臭膿血徹底流出，傷口才有機會痊癒。這過程是完全赤裸而痛苦不堪的，卻是她唯一能拯救自己的辦法。唯有停止憐憫自己，殘忍地強迫自己面對創痛，自己才能學到教訓而繼續成長。

《傑若的遊戲》不是一本容易讀的書，有些章節太痛苦、太寫實也太直接，像一塊血淋淋的生肉，給讀者很大的心理壓力。然而這也是這本書之所以吸引讀者之處，尤其是女性讀者，特別能在同情或憐憫女主角的親身遭遇時，仔細剖析自我內心深處對於種種議題的偏執俗見。我們都是一己成長過程的受害者，對於環境的認知被周遭的人、事、物影響和塑造。正因為沒有人是一座孤島，我們對於自我和他人的認識都得受到社會整體的制約。如果我們能體會這一點，特別是女性讀者，能體會到世間的許多道理並非渾然天成，更不是理所當然，則我們可以學會用嶄新的眼光來衡量自己，愛惜自己，而不再只是遵循其他人（包括我們生命中的每一個男女老幼）的意見。

做為一個普通女人，尤其是金筆下的普通女人，雖然生活和夢想都平常，所面臨的挑戰卻是痛苦的，所學到的教訓也是深刻的。作家所創

《部落格療法》

造的各個主角如果有知,其應該是喜還是悲?

——原載於 2010 年四月三日

金山的誘惑

張翎的《金山》號稱「《京華煙雲》後最氣勢磅礡的長篇小說」，記敘了方得法家族五代在中國廣東省開平縣和加拿大西岸之間的百年生活。這不是第一部以加拿大華人歷史為重點的文學作品，在規模上卻是數一數二的，即便是和其他描繪海外華人遷徙與發展歷史的中外文學作品比較，也佔有舉足輕重的地位。

作者從方得法的後人回到廣東省參觀祖先故居開始，細膩勾畫出方家五代人的悲歡離合。從早期華人勞工在加拿大淘金、參與太平洋鐵路的興建、和當地各色人種之間的交流和衝突、乃至於逐漸生根茁壯，到海洋這一邊開平縣自勉村裡的家族興衰、經歷清朝的敗落、民國的創建、抗日戰爭的慘烈、共產黨的興起、乃至於文化大革命的浩劫，四十多萬字中除了斑斑血淚之外，更有晶瑩剔透的人性和心事描寫，文筆老練之餘，又常有別出心裁的觀察和譬喻。

讀這本書的感覺是清爽的，因為作者原籍浙江，筆調多少和讀者熟悉的許多台灣作家不一樣，有時俏皮，有時尖銳，有時在極短的篇幅中交代了極深重、極沉痛的風雲劇變，有時又絮絮叨叨地為讀者強調了已知的事實，直到讀者為之嘔心瀝血、銘感五內。作者在海外已久，文字卻依然是中國式的，雖然在描述書中幾位加拿大籍主角的時候有些淺薄，口吻卻依然溫柔敦厚。同樣地，作者對於幾個重大的歷史傷痕輕淺地帶過，並不刻意著墨於描述悲慘泣血的一面，這溫和的處理方式一方面是讀者對這些歷史事件的真相已經有相當了解，一方面卻也是出於作者的不忍心吧。

這本書前半部的情節安排頗為匠心獨運，在書寫上也極為真摯用心，看得出來作者對於華人早年在加拿大的遷徙和發展歷史做了相當深度的研究。尤其難能可貴的是，作者特別納入了華人在海外對於清末民初中國民主思潮發展的關切，以及華人為加拿大在兩次世界大戰中的犧牲奉獻，這是海外華人文學作品中少見的，也襯托出海外華人思土懷鄉

的心念。

然而到了這本書的後半部，作者試圖從各方面書寫加拿大華人歷史的野心也逐漸明顯，因為嘗試太過，所以有些生澀不足，磚砌的痕跡也很常見。其實海外華人在世界各國的歷史，早期必定是血淚斑斑而值得用心鋪陳，到了各國通過排華法律之後，由於沒有新血加入，當地的華人社會發展史往往從許多作者的筆下遺漏，一方面因為當地華人開始融入主流社會而變得複雜深刻，一方面也因為華人社會本身陷入滯澀，在許多角落形成死水。例如《金山》描述方家第二代的兩個兒子在加拿大生長求職、尋愛生根的過程，在幾處地方便有些輕率牽強。轉而把焦點集中在方家幾代自從民國以來的發展和轉變，有些地方的跳動也太快，蜻蜓點水而已。

與此同時，在這本書的後半部也看得到其他作家的身影，譬如方得法的兒子錦山必須依賴在酒館當招待的妻子過活，字裡行間就出現了加拿大華人作家丹妮絲・鄭 (Denise Chong) 那本著名的《姨太太的孩子們》(The Concubine's Children) 書中的美英 (May-ying)；方得法的女兒錦繡在廣東省開平縣教書時受到日軍士兵蹂躪的那一幕，也讓人看見了中國作家莫言筆下的那片泣血的「紅高粱」。至於方得法的妻子淑賢、女兒錦繡、孫女懷鄉、乃至於管家墨斗在文革初期被自勉村民逼迫以地主的身份而死，配上方得法在加拿大溫哥華市和戲子金山雲相伴的情節，不知道為什麼會讓讀者想起香港作家李碧華的《霸王別姬》，無情殺人的槍彈映襯著李後主和小周后之間的粵劇唱詞，令人讀來心酸。

儘管如此，整體而言，這本書畢竟是一部不可多得的傑作，值得所有關心華人近代史的讀者欣賞。比較起目前世界讀者熟知的幾本展現海外華人家族歷史的巨著，如張戎的《鴻：三代中國女人的故事》和馮麗莎 (Lisa See) 的《在金山》(On Gold Mountain: The One-Hundred-Year Odyssey of My Chinese-American Family)，這本書的成就絕對傑出。儘管長篇小說創作不易，讀者還是希望能多讀到一些如此深刻的作品。

－－原載於 2010 年七月一日

火戰車在中國

　　昨天晚上又看了《火戰車》(Chariots of Fire) 這部電影，心中的感動還是沒有變。這部 1981 年發行的英國片，在有些人眼中可能已經是老掉牙了，但是對於像我這種沒事就喜歡追根究柢的人而言，同一個老故事在不同的年代和背景之下絕對會產生嶄新的生命。

　　「火戰車」這個詞原出於《聖經》的〈啟示錄〉，卻因為英國詩人威廉·布萊克 (William Blake) 於 1908 年出版的短詩〈追隨先人的腳步〉(And did those feet in ancient time) 而出名。這首詩在 1916 年被人配樂，改名為〈耶路撒冷〉(Jerusalem)，在第一次世界大戰無休無止的戰火中，竟然成了一首振奮人心的名曲，給予無數的英國人希望和勇氣，讓他們信服自己是為了全人類的福祉而奮戰犧牲。當時的英皇喬治五世曾經以為這首歌應該取代〈天佑吾皇〉（God Save the King，後來改成 God Save the Queen）而成為英國的國歌。即便是今天，英國還有許多人在各種正式場合中唱〈耶路撒冷〉這首歌。

　　《火戰車》這部電影由真人實事改編，主角是一群參與 1924 年巴黎奧運會的英國運動員。他們之中有兩位特別傑出，第一位是哈洛·亞伯拉罕斯 (Harold Abrahams)，本身是個猶太人，在當時英國保守的社會風氣和劍橋大學古板的學術思想限制下，他受到激勵而決心為反對種族歧視而奮鬥。在巴黎奧運會中，他獲得男子百米賽程的金牌，也因此而給全英國、乃至於全世界被人瞧不起的猶太人民出了一口氣。電影中的他是個熱血奔騰的好漢，動不動就心懷澎湃、全力以赴，只為贏而競賽，如果贏不過別人就寧可不參加比賽。經過了女友和教練的一番調教之後，他才明白沉著應戰、實力內斂的道理，因此終於能在奧運會上揚眉吐氣，打敗了當時稱霸全球的美國運動員。

　　而這篇文章的重點卻是《火戰車》這部電影中的另一位傑出運動員：艾瑞克·利德爾 (Eric Liddell)，他是來自蘇格蘭的虔誠基督徒，父親是傳教士，從小便展現出優異的運動天賦，曾經是愛丁堡大學的短跑

健將和橄欖球隊主力,並被譽為全蘇格蘭跑得最快的人。他跑步的樣子很奇特:雙臂亂揮,上身直挺,嘴巴大張,越到終點越是把頭仰起來看著天上,好像在和上帝對話。他擅於用自己的運動天賦激勵人心,經常鼓勵身邊的基督徒們發揮自己的潛力,以表彰上帝的恩典。他最有名的一句話便是這樣說的:「我認為上帝創造我是有特殊的目的,但是祂同樣也讓我迅捷。當我奔跑的時候,我感受到祂的喜悅。」

在1924年的巴黎奧運會中,利德爾因為男子百米的賽程排在星期日而拒絕出賽,不管英方代表如何軟硬兼施,不管當時的英國皇儲親自拉下臉來懇求他,利德爾還是不肯改變心意,不願意在應該敬拜上帝的安息日比賽。到最後,英方代表不得不把他安排到星期四的男子四百米賽程,電影中的他雖然慣跑百米,卻憑著一股勇氣和毅力奪得了四百米的金牌。當時有一位在男子百米賽程中被上文提到的亞伯拉罕斯擊敗的美國運動員,因為欽佩利德爾的信仰原則和堅持,而在出賽前遞給他一張紙條,上面寫著《聖經》裡的一句話:「凡尊崇我(上帝)的,我必尊崇他。」利德爾在掌心中握著這張紙條起跑,在抵達終點時把頭仰得高高的,嘴巴張得大大的,彷彿是看見了上帝的榮光而予以詠讚。

這位有名卻更有原則的利德爾,其實是在天津市出生的,在中國成長到五歲,才回到英國入學讀書。他在獲得巴黎奧運金牌後,又回到中國,繼承父親的志業而在華北一帶傳教。他在天津的一所教會學校教體育,又管理一所主日學,在正式成為牧師之後便和另一位傳教士的女兒結了婚,育有三個女兒。

中日戰爭於1937年爆發的時候,利德爾去河北的一個傳教站工作,妻女則在情勢逐漸險惡的情況下離開了中國。到了1943年,利德爾被日軍抓了起來,和來自世界各國的傳教士一起被送到山東省的一所集中營。他在集中營裡還是勤奮辛勞地帶領眾人組織讀經班,安排體育活動,並教導小孩們念書。他最後因為疲勞過度和營養不良、以及腦中盤結已久的腫瘤,而病死在集中營裡。在短短的五個月之後,日軍就宣告投降,而第二次世界大戰也結束了。

2008年北京奧運前夕,中國政府想起這個把半生奉獻給中國人的蘇

格蘭運動員牧師，特別查了一段歷史，結果發現利德爾當年本來可以因為自己獲得奧運金牌的名氣，透過日軍和英方訂定的秘密戰俘交換協定而逃離中國，卻寧願把這個寶貴的機會讓給一個懷孕的女人，自己留在集中營，最後終於死在東亞的土地上。這個消息傳出後，連利德爾在蘇格蘭的家人和後代子孫都大為震動，英國的《蘇格蘭人》報 (The Scotsmen) 也把利德爾評為蘇格蘭歷史上最受歡迎的運動員。事實上，早在1991年，愛丁堡大學就為利德爾樹立了一座紀念碑，上面刻著《聖經》裡的一句話：「他們必如鷹展翅上騰，他們奔跑卻不困倦。」對於一個以運動來讚美並彰揚上帝恩典的人而言，這句話確實妥當，然而利德爾為中國人民所作的犧牲奉獻，也在歷史上流傳了下來。

《火戰車》電影結尾播放了希臘音樂家范吉利斯 (Vangelis) 有名的那首電影配樂，螢幕上出現一群為巴黎奧運賽而在沙灘上奔跑鍛鍊的英國運動員，每個人都在灰暗的天色和刺骨的寒風中精神昂揚地跑著，泥水濺得他們白色的運動服斑斑點點，他們的臉上卻都是年輕的志氣和信心。我不知道看這部電影的人會感動於他們的青春勇氣，還是他們的決心毅力，也許兩者都有。我自己不信任何宗教，更不喜歡運動，卻經常想起利德爾這位身兼運動員和傳教士身份的「飛行的蘇格蘭人」(Flying Scotsman)，他這座火戰車勇往直前，連中國人民也分享過他的榮光。

－－原載於2010年七月十四日

冬至花燈遊行

　　最近參加了澳洲一個小鎮舉辦的冬至花燈遊行，頗開了一番眼界。澳洲的冬天沒有台灣那樣潮濕，晚上因為氣候乾燥、天空無雲而經常結霜，因此可以冷到攝氏零度左右。才傍晚六點，寒風已經吹起了。

　　小鎮本身的居民不多，但是附近許多個鄉鎮的大人和小孩們都慕名而來，一時把小小的大街擠得水洩不通。我手裡抓著一隻氣球，從街頭走到街尾，每個人手裡都提了自家做的花燈，大部份都是簡單的圓錐型或金字塔型，裡面點著蠟燭。孩子們尤其興奮，小小的個頭拼命想把花燈舉得高高的，上面用色筆畫了各式各樣自以為是傑作的圖案，果真令父母感到無比驕傲。有幾個孩子騎在爸爸肩膀上，好像可以攀到黑暗天空裡的星星，媽媽在一旁溫柔地笑著。

　　遊行的起點附近有一群國小學童，自己拿好多個大垃圾袋黏在一起，變成了長長的一條龍。他們的上半身隱在龍肚子裡看不見蹤影，只能勉強透過塑膠袋看到人形興奮地交頭接耳，你打我一掌，我推你一把。下半身統一穿了牛仔褲，在原地蹦蹦跳跳，坐立不安，弄得整條龍也焦躁起來。我東張西望，沒有看到老師或家長們在一旁指導，也許這群孩子是獨立而充滿自信的，等遊行完畢再到哪裡去一起解散吧。

　　路旁的商家們交抱手臂在櫥窗後面望著，希望顧客趕緊上門，然而整條街上擠滿了人，襯得空蕩蕩的小吃店、咖啡館、銀行、服飾店、花店、書店和電影院特別冷清。人們手裡拿著自家做的三明治吃著，捧著照相機和錄影機拍著，家長們緊握著孩子的手，孩子們小心地呵護自己的花燈。有一家人牽了一隻吉娃娃，嬌小的狗在暗夜中幾乎看不見，只有身上綁的一串一串小電燈泡在閃爍著變幻色彩。我心想，這狗可是大出風頭了，牠的眼睛會不會已經被燈光閃花了，燈泡的電池又裝在哪裡呢。

　　一群舞火者在遊行開始之前出場表演，引起觀眾的陣陣驚嘆，也把街上的氣氛炒得更熱絡了。他們都是年輕人，舉止之間有那一份無法隱

藏的自信和膽量，拿著手裡的雙棒或單鏈在地上的一盞燈火旁點燃了，便乾脆俐落地舞了起來，動不動還激出一道閃爍的火花，讓圍觀的孩子們大叫起來。那火焰像遊龍靈蛇，在他們身上飛舞盤旋，愛戀地纏繞在他們身上、頸子上、手臂上，在他們腿間遊走，砰地一聲砸在地上，又反彈而躍升到夜空裡。一條火蛇刷地分成兩道，交叉盤旋，上下竄行，轉了個圈子纏合在一起，又好像吵了個架似的分開，你往西，我往東，飛到了彼此可以容忍的極限之後又回頭來相聚，想來一生一世都是分不開的。

　　幾個女孩子也出場了，一個短髮的拿著兩條火鞭，另一個紮了馬尾，一手拿著一盞燈火。兩條火鞭在夜空中劈啪作響，是西方的豪邁不羈，兩盞燈火溫柔婉約，是東方的纏綿。舞火鞭的神情專注，似乎自己也被那燦爛的火光吸引，她的兩條手臂舞出的是一首交響詩篇，眾聲齊鳴，忽地達到高潮，采聲大作，忽地又細微不可聞，只有一絲弦樂還在迴響著、遊離著、懸宕著，揪緊了人的心，直到指揮簡潔地把手往上一揮，那聲響直竄入夜空，才算是還給聽眾平靜。舞燈火的嬌柔旖旎，她臉上的一抹微笑令人心醉，她的蛇腰低低地下彎著，燈火撫慰著她的臉、她的胸、她的臀，然後溺愛地在她髮間舞動，她好像在一場夢中散步，燈火是夜晚的精靈，在她耳邊低語輕笑，一下子化作流星，聽她俯首低低地許願，仰起頭來一揮手把願望送到天界，盼望眾神聆聽。她的長裙飛舞著，閃花了人的眼。她赤裸白淨的腳趾上塗了嫣紅的蔻丹。

　　我被這樣狂野卻又單純的氣氛震攝住了，不禁想起千百年來農民們對四時節氣的崇敬，對大地之母的禮拜。這種讚頌是發自內心的虔誠，唯一的祝願便是五穀豐收，四鄉太平，沒有權力和慾念的干擾，更沒有他我之間的區分。然而宗教的來到改變了這一切，農民被迫放棄自然崇拜而改信由人所創造出來的單一或多位神祇，簡單的禮敬日月山川、花鳥林野被控訴為崇拜偶像，純樸的感謝自然被指稱為異端邪說。其實大地的循環就只是生老病死，食色人性赤裸裸地表現，陰陽調和互補，所謂的人法道而道法自然。在宗教的眼中，這一切卻都成為對於禮數的敗壞，於是便在禮數的箝制下硬生生地抹煞了人性，也抹煞了自然。

《部落格療法》

　　我從《達文西密碼》(The Da Vinci Code) 探討的這個論點中清醒過來時，遊行已經開始了，其實所謂的遊行，也只不過是眾人一起輕鬆愉快地在大街上漫步而已。這裡沒有狂熱的口號、振臂的呼喊，沒有歇斯底里的對峙，沒有虎視眈眈、持槍握棍的警力。這裡有的只是一群再普通不過的人們，冒著夜晚刺骨的寒風，和家人一起慶祝冬神的降臨，正因為冬日象徵的凋敝寒凍，襯托出親人家庭團圓的可貴。孩子們笑著跳著，大人們微笑相視、點頭寒暄，腳下的步履是輕鬆而沒有壓力的，即便是遊行結束以後還要回家烹煮晚飯，每個人的心情也都是愜意的。冬天其實一點也不凜冽寒冷。冬天是相聚的季節，是把心掏出來和所愛的人分享的季節。冬天既然來到，春天也就不遠了。

　　我被這冬至花燈遊行的魔幻寫實氣氛弄得有些頭昏，便放了手中的氣球。黃色的氣球冉冉在夜空中上升，似乎也是一盞小小的天燈，默祝風調雨順，國泰民安。回到夜晚的家裡，有誰在痴痴地等我呢？

──原載於 2010 年七月十八日

傾國之戀

昨天晚上終於把《英倫情人》(The English Patient) 這部電影又看了一次，這次配上字幕，對於那些優美絕倫而又富有哲理的對話終於有了進一步的了解，不禁覺得這部1996年發行的電影之所以能得到九座奧斯卡金像獎，實在是有道理的。

《英倫情人》這部電影改編自原籍斯里蘭卡的加拿大作家麥可‧翁達杰 (Michael Ondaatje) 於1992年出版的同名小說。這是一部獲得了布克獎 (Man Booker Prize) 的作品，人物背景和相關情節以跳躍式呈現，卻不顯瑣碎，讀者在一步步深入故事的過程中了解到每一個人物的內心世界，並且透過各個環節的逐漸連結，逐步建立起整個故事宏偉瑰麗的格局。

電影中的撒哈拉沙漠奇幻多彩，男主角艾瑪殊伯爵 (Count Laszlo de Almasy) 來自匈牙利，和英國皇家地理學會一起在非洲北部進行探測和地圖繪製。當時是1939年，隨著第二次世界大戰歐洲和北非戰事的逐漸緊張，艾馬殊雖然在撒哈拉沙漠中發現了一個史前洞穴，驚喜讚嘆於其中好似在游泳的各種人形圖案，卻不由自主地被捲入戰火之中。他和一位名叫凱瑟琳 (Katherine Clifton) 的有夫之婦的戀情，也因此而以悲劇收場。

艾瑪殊與世隔絕已久，卻在一個沙漠的夜晚因為凱瑟琳朗誦一段歷史書的神情而愛上了她。電影中的這段感情是激烈而深沉的，同時因為男女雙方都頗有閱歷而增添了不少文學、藝術和音樂的光彩。艾瑪殊本身是地理學家，手下繪製的是地圖，因此能了解所謂國界和疆域的概念其實都是人為的。他對於戰爭牽涉到的你死我活、強權爭霸並不在意，也不在乎自己在其他人眼中究竟是為誰效忠，在他的心中只有凱瑟琳，也只有她是他敢於爭奪、乃至於佔有的疆土。

電影中的艾瑪殊熱情執著，喜愛歷史和音樂，因為這兩種藝術也具有跨越時間和空間限制的特質。然而，儘管他具有一般初戀者的滿腔熱

血,他四周的人,包括凱瑟琳,都無法掙脫地域概念的約束,甚至成為國名、地名和人名的犧牲者。艾瑪殊因為自己的名字不像英國人而被囚禁,因而失去了凱瑟琳,然而他在重傷之後卻又被誤認為英國籍的病人,這對於他刻意忽視國籍的心理而言,真可算是莫大的諷刺。

由於艾瑪殊的重傷和他對於往事的追憶,引出了電影中其他人物的悲歡離合,愛怨情仇。漢娜 (Hana) 是來自加拿大法語區的護士,卡若范吉歐 (David Caravaggio) 是來自加拿大的小偷和間諜,克普 (Kip) 則是為英軍進行掃雷的印度籍士兵,三人因緣際會地在義大利的一個小村莊相聚,彼此了解,更進行深度的自我探索。在這過程中,他們多次體會到所謂的疆界,包括語言、文化、種族、國家等概念之間的隔閡,其實都可以不存在,這個領悟讓他們能對人性再次充滿信心,因此而能鼓起勇氣去面對人生的各種挑戰。

電影中儘管這樣處理,而把所有的悲劇集中在艾瑪殊一人身上,翁達杰在原著小說中卻讓克普再次因為戰爭的殘酷而對人性失望,因為種族之間的衝突而對和平失去了信心,於是遠走他鄉,不再回頭,只在年老的時後才會回憶起那段在義大利的短暫美好時光。這種處理方式也許反映出翁達杰本身對於世事的無奈感受,他出生於斯里蘭卡(當年的錫蘭),在移民到英國、乃至於最後定居加拿大的過程中,想必遭逢過不少有欠公平的待遇。作家對於現實環境的批評往往表現於作品中人物對於大時代的適應不良,這表達的形式是含蓄的,力道卻強烈無比。克普應該是小說中最引人注目的人物,他的人生起伏是充滿尊嚴卻又值得同情的。

小說中的卡若范吉歐是另一個國籍和世俗道德觀念的犧牲者,他的本行雖然是小偷,行事卻也有「割不正不食」的胸襟,英國軍隊看上了他的巧手而雇用他為間諜,在戰事爆發以後又因為還有利用他的價值而要他留在德軍佔領區打探情報。他憎恨所有傷害過他的人,卻能在專心照顧病人的漢娜身上看到人性的光輝。他一心一意要對艾瑪殊進行報復,卻終究能感動於艾瑪殊和凱瑟琳之間的這段「傾國之戀」而體會到

殘酷的是戰爭，個人只不過是極力想在世事洪流中掙得一個喘息之地的卒仔罷了。

　　電影中處處含蓄地反映出對於世俗道德觀念的挑戰，在巧妙地交織回憶和現實、喜悅和悲痛、相聚和別離的同時，更透過許多夢幻美麗的場景來超脫國籍和疆域的規範，同時展現出戰爭的殘酷和缺乏人性。比方說漢娜坐在斷垣殘壁中忘情地彈著鋼琴，克普卻知道德軍最擅長在樂器中埋藏炸彈。艾瑪殊死前唯一的願望便是能再度感受到清涼的雨水，其他人便把他放在擔架上，放上音樂，在落著大雨的庭院中一次又一次地繞著圈，每個人都充滿歡笑和新生的信心，緊接的下一幕卻是克普得知同僚被炸死的新聞。觀眾就這樣隨著劇情時而欣喜，時而憂愁，時而淚下，乃至於被電影中各個人物的情緒起落牽扯得不能自拔，整個心都揪在一起。這固然是文學作品在短短的兩個小時中所無法做到的一點，讀者在看完整部小說之後，所得到的感動和領悟卻也總是比電影還要深沉。

　　令人慶幸的是，電影中保留了許多小說裡的精妙語言，看電影有如讀小說，是一種絕妙的享受形式。畢竟這兩種藝術形式之間的疆界應該也不是最重要的。任何人為的隔閡在作家眼中都是值得、也應該顛覆的。影像和文字相輔相生，對於好作品的愛戀絕對是能超脫國界的。

　　後記：《英倫情人》作品中的艾瑪殊和凱瑟琳兩人，都是奠基於第二次世界大戰期間的真實人物。翁達杰素以在作品中交錯混合真實和虛構而聞名，他的幾部作品都是以真人真事為主角，在敘寫的過程中再添加各式各樣的虛幻色彩。這種對於事實和虛擬的刻意糾纏，也可以說是作家對於各種人為疆界的刻意挑戰。

－－原載於 2010 年七月二十日

無所不在的布萊克

　　我一向就是英詩的門外漢，讀不懂，知道的也不多。年輕的時候雖然修過一年英詩，讀過的卻也只有狄金森 (Emily Dickinson) 和濟慈 (John Keats)。猶記得老師在課堂上感嘆濟慈的英年早逝，引用了雪萊 (Percy Bysshe Shelley) 的〈我從你夢中而來〉(I Arise from Dreams of Thee)，其中的那句「我死了，我昏了，我完了」(I die, I faint, I fail) 真可算是語出驚人，全班同學笑到肚子痛，只有老師在講台上不明所以，不知道我們這些少不更事的學生在發什麼瘋。

　　年長以後對佛斯特 (Robert Frost) 的〈未竟之路〉(The Road Not Taken) 特別有印象，還有但尼生 (Alfred Lord Tenneyson) 的〈夏洛特女郎〉(The Lady of Shalott)。除此之外，我對英詩簡直是完全宣告投降，今後大概也沒有什麼反攻興復的希望，自以為是村野鄙夫，沒有能力也沒有興趣登入這高深的殿堂。

　　如果我真的對一首詩有興趣，乃至於願意去探究詩人的生平和特色，多半都是因為其他的文學或藝術作品予以引用，所以非得先了解詩，才能進一步體會文學或藝術作品的內涵。像詩人威廉・布萊克 (William Blake) 就是一個很好的例子。有趣的是，我對他的了解竟然不是從詩而來，而是出自他的一幅有名的畫。

　　事情要從湯瑪斯・哈瑞斯 (Thomas Harris) 說起，他是我非常喜歡的一位作家，尤其是《沉默的羔羊》(The Silence of the Lambs) 和《人魔》(Hannibal) 兩部作品，讓我百看不厭，心中總是充滿驚喜讚嘆之情。至於《紅色龍》(Red Dragon) 和《人魔崛起》(Hannibal Rising) 這兩本背景比較早的小說，我的興趣就比較低，最多也只是愛屋及烏的完整收藏而已。

　　然而我正是透過《紅色龍》這本書才認識到布萊克的。書中的殺人犯從小受到家暴，又因為生理上的缺陷而被遺棄，形成嚴重的心理問題，他幻想自己是布萊克畫中那隻「紅色龍」的化身，在世界末日時崛

起而統治大地，除了在背上刺青了龍的形象以外，更經常有幻視、幻聽的傾向。在他愛上一位盲眼女孩之後，很想控制自己暴力和人格偏差的問題，因此特地跑到博物館去，找到布萊克的畫作，一口吃下肚去，希望能對抗「紅色龍」的控制。然而他的心理問題畢竟嚴重到自己無法制衡的地步，整個人最後被幻想侵犯，終究落得一個悲劇下場。

且不論這聽起來有點匪夷所思的情節。我因為這本書而開始探索布萊克的畫，逐漸對他作為藝術家的一生有了些許的認識。布萊克生於1757年，從小受的是繪畫訓練，也因為家庭背景而有相當深厚的宗教素養，在他的一生中，《聖經》雖然是他的靈感泉源，教會卻對他的想像力和創作力百般批評壓迫，甚至汙衊他是精神不正常的瘋子。從這一點看來，布萊克和梵谷 (Vincent van Gogh) 倒是有點像，兩者都是在死後才逐漸被藝術界接受，進而尊崇。

布萊克在一位著名的雕版學家旗下當了七年的學徒，其間經常到倫敦的西敏寺 (West Minster) 去素描，那裡的哥德式建築、雕塑、繪畫和濃厚的宗教色彩對他的創作風格造成很大的影響，特別是對於光線和陰影的運用，以及作品中人物對於神性的崇拜。他在英國皇家藝術學院 (Royal Academy) 當學生的時候是老師們的眼中釘，因為他總是公開頂撞老師們對於當代著名藝術家的推崇，認為魯本斯 (Peter Paul Rubens) 一類的巴洛克畫派代表人物太過於粗製濫造而傾向於愚蠢，像偽君子那樣有所保留，不願意淋漓盡致地把自己的風格和才幹表現出來。布萊克本身喜歡米開蘭基羅 (Michelangelo) 和拉斐爾 (Raphael) 等文藝復興時代的藝術家，因為他們真誠而不藏私，也願意為自己的藝術追求而付出所有。1776年的美國獨立革命和1789年的法國大革命都對他的熱情和野心有相當大的影響。

布萊克後來娶了一個年輕的文盲女子，除了教她讀寫，也和她一起進行版畫的雕刻製作，兩人同心協力，對他的創作和藝術事業產生相當大的貢獻。布萊克可以說是最早的插畫家之一，為自己和當代的許多作家製作雕版插畫，包括詩人喬叟 (Geoffrey Chaucer) 的《坎特伯雷故事集》(The Canterbury Tales)。他晚年的時候受聘為《聖經》製作插畫，

也嘗試為但丁 (Dante Alighieri) 的《神曲》(The Divine Comedy) 配圖，卻在作品完成之前就去世了。據說他死前還在作畫，希望把像天使一樣的妻子形貌永遠留在心中。

　　《紅色龍》是布萊克為《聖經》的啟示錄所創作的四幅畫之一。啟示錄是《新約聖經》的末章，主要是關於世界末日的預言和對於最後審判的描述，文字中提到各種巨大災難，包括一位「身披日頭、腳踏月亮、頭戴十二星的冠冕」而即將生產的婦人，還有一隻其實是撒旦的「七頭十腳，代號六六六」的大紅龍在和天使爭戰之後摔落在地上，等在婦人面前，要吞吃她的孩子。《紅色龍》系列中的前兩幅畫，《紅色龍和以日為衣的婦人》(The Great Red Dragon and the Woman Clothed in Sun) 和《紅色龍和身披日頭的婦人》(The Great Red Dragon and the Woman Clothed with the Sun)，描述的就是這副景象。前一幅畫中的「紅色龍」是背影，有強健的肌肉和一條長尾巴，緊緊纏繞著婦人；後一幅畫中的「紅色龍」則是正面地從天降臨，婦人在日光的庇佑之下張開雙手，試圖對抗。

　　有趣的是，哈瑞斯在創作《紅色龍》這本書的時候，顯然把這兩幅畫搞混了。由於書中的殺人犯在背上刺青了「紅色龍」雄奇有力的形象，一條長尾直延伸到大腿上，書中又提到殺人犯趕到位於紐約市的布魯克林博物館 (Brooklyn Museum) 去找到布萊克的畫作而一口吃下肚去，顯然指的是《紅色龍和以日為衣的婦人》這幅畫，哈瑞斯卻引成了另外一幅。也有人反駁，說布魯克林博物館自己在網站上都把兩幅畫的名稱搞混了，當然怪不得哈瑞斯囉。

　　我愛極了這四幅《紅色龍》的雕版畫，更喜歡這種「把畫吃下肚去就能對畫中主題造成控制」的想法。這算是人和藝術作品之間最終極的結合嗎？還是要像倪匡的《謎蹤》那本科幻小說一樣，真正變成畫中人物才行呢？這到底是對於藝術的絕對傾倒，還是終極顛覆？英國國家廣播公司 (BBC) 製作的科幻電視影集《異世奇人》(Doctor Who) 近日對這個概念有所探討，不過這可是另一篇部落格文章的題材了。

　　最近接觸到奧黛莉・尼芬格 (Audrey Niffenegger) 的新作《她的對

稱靈魂》(Her Fearful Symmetry)，我因為喜愛《時間旅人之妻》(The Time Traveler's Wife) 而對這本書也充滿期待。查了一下資料，發現「她的對稱靈魂」這個題目竟然也出自布萊克的詩作，而且正是那首相當有名的《老虎》(The Tyger)，當下馬上想到開頭的那幾句：「老虎！老虎！黑夜的森林中燃燒著的煌煌的火光，是何種神手或天眼造出了你這身駭人的勻稱？在何處遙遠的深淵或穹蒼燃燒著你火一樣的雙眼？」(Tyger! Tyger! burning bright / in the forests of the night, / What immortal hand or eye / could frame thy fearful symmetry? / In what distant deeps or skies / burnt the fire of thine eyes?) 看起來布萊克確實是無所不在，無論是其畫作或詩作，對後人的影響都極為深遠。作為一位藝術家，即便是只能在身後有這樣的成就，想來也值得含笑安息了。

－－原載於 2010 年七月二十二日

你是倉庫還是宮殿？

在電影《法櫃奇兵》(Raiders of the Lost Ark) 的結尾，神秘的法櫃被裝進木箱，儲存在美國政府位於某處的巨大倉庫裡。隨著鏡頭越拉越長，整個倉庫的規模逐漸顯現在觀眾眼前，成千上萬、各種尺寸的木箱推積如山，每一個箱子裡都是一個塵封已久的秘密，也許曾經在某一個世代的哪個地方掀起一陣傳奇，也許如今只剩下古老的記憶和迷思，有待研究與考證。

仔細想起來，這樣一個巨大的倉庫，其實在恐怖小說作家史蒂芬・金 (Stephen King) 的《捕夢網》(Dreamcatcher) 書中也出現過。主角之一的瓊斯是個歷史學教授，在一次奇特的遭遇中發現自己的腦子其實就像一個巨大的「記憶倉庫」(Memory Warehouse)，所有的記憶都分門別類儲存在大大小小的箱子裡，上面做了標示，整齊地排列成行，讓他隨時可以整理、調閱。比方說他需要寫一篇關於美國獨立戰爭的論文，就得拿手推車一趟又一趟地把幾十個箱子運回「辦公室」裡去參考。有幾個小箱子裡裝的是他對於某個朋友的獨特記憶，依照相聚的場合和時間分類，平時放在架子上小心保存，要用的時候再去拿。

書中的瓊斯因為某種原因而必須保護自己的記憶，不被外在力量侵襲或佔有。他利用每一個可能的機會從「辦公室」裡溜出來，用手推車裝了幾個箱子就跑，也不管自己抓到的是什麼記憶，有沒有立即運用的可能。這過程是費時費力的，還有隨時被干涉的可能，因此他得在自己的腦子裡像做賊那樣偷偷摸摸，如果被外在力量發現，他也只能撤退到自己的「辦公室」裡做困獸之鬥。這「辦公室」除了是他工作、思考的空間，也是他唯一保有絕對隱私權的地方，可以隨他的心意自由安排，任何外在力量都不能介入。

我在讀到這一段的時候非常興奮，因為這是我所知道的少數文學作品中，另一個對於記憶的儲存和取用方式的精確敘寫。由於「記憶的藝術」(Art of Memory) 本身是一門內容相當廣泛的學問，任何足以用文字

或其他形式來解說或描述箇中精髓的作品，都能幫助我們了解記憶的獲取、分類、儲存、整理、運用、乃至於加強的過程。在這裡所謂的「藝術」，指的是一個自然的過程，可以透過人為設立的方式、程序或原則來建立一種規律。像瓊斯那樣把記憶像貨物一樣堆在倉庫裡，只要他能管理得井井有條，這對他而言就是最好的記憶安排方式。

根據「維基百科」(Wikipedia) 的陳述，記憶的原則有六種，技巧則有三種。在原則方面，視覺當然是最重要的，把眼睛在某個空間中所能看到的事物依照其位置加以排列，便是最初的記憶。其次是依據這種事物的排列而建立秩序，特別是我們在日常生活中待人處事所已經習慣的秩序，例如從少到老、從小到大、從近到遠、從始到終，這樣的安排可以協助我們記憶。然後是把事物分組，就像標點符號那樣，把繁雜冗長的資訊整理成可以輕易處理的小群。下一步是連繫，也就是把新的事物和我們已知的舊事物結合起來，產生某種關係或價值，以協助記憶。再下一步是作用，尤其是情緒對於事物的反應，無論是直接或是間接，情感的影響越深遠，對於事物的記憶也越容易。最後則是重覆，同樣的事物一再發生，想不記得也難。

至於記憶的技巧，首先便是空間式的排列，像瓊斯那樣把不同的記憶放在不同的架子上，走到倉庫右邊就知道是和工作有關的記憶，左邊則是私有生活中的人事物，因為常常去取用一個特殊的記憶，所以很習慣地就知道它的位置是在左邊數過來的第二個架子上的第六個箱子，打開以後從前面數過來的第三個文件夾。的確，一般人經常用位置來幫助記憶，像我每次要回憶和某個老朋友的一段對話，就會先想到這段對話是在什麼地方發生的（一家餐廳裡），我當時在做什麼（吃一塊好大的黑胡椒雞排），四周又是什麼景象（某個服務生打碎了幾個玻璃杯而被老闆臭罵了一頓，背景音樂是鋼琴獨奏的「守著陽光守著你」，外面正下著大雨，我的雨傘濕淋淋地躺在地毯上，我因為黑胡椒太辣而一連喝了三杯水，結果得衝去上廁所）。想到這一切，我很自然地就會記起那段對話的內容，連當時朋友臉上的表情都回憶得出。

這種空間式的記憶技巧有一個特別的名稱，也就是湯瑪斯·哈瑞斯

(Thomas Harris) 在《人魔》(Hannibal) 一書中特意敘寫的「記憶宮殿」(Memory Palace)，男主角雷克特博士 (Dr Hannibal Lecter) 之所以能有驚人的記憶力，憑藉的就是這種技巧。他經常在自己的記憶宮殿裡漫遊，這裡有數不盡的房間，每個房間都有特殊的裝飾和獨到的記憶，是他用來協助、乃至於慰藉自己行事的方法。有些房間是他永遠也不願意進去的，其中的記憶既痛苦又深刻，例如親人的死亡。另外有些房間被他一再眷顧，其中的記憶纏綿優美，例如義大利北部的鄉村風光、一瓶好酒的味道、一齣歌劇的餘音繞樑、一輛好車的引擎聲和真皮座墊的味道，當然還有女主角克蕾瑞思・斯達林 (Clarice Starling) 在林中慢跑、陽光在她奔放跳躍的短髮上閃耀的模樣、還有她臉上專注執著的表情。有了這些記憶，雷克特博士即使在最艱難困苦的處境之中也能自娛，這是他保持自己心志穩定的訣竅。

那麼剩下的兩種記憶技巧是什麼呢？第一種是圖像式的記憶，也就是圖案、符號、圖表、乃至於影像的使用，輔助記憶描述某種事物的文字；第二種則是直接運用圖像來描述某種事物，不牽涉到文字的使用，純粹透過圖案、符號、圖表和影像來記憶各種和事物有關的資訊。

這一大串解釋讀起來想必有些無聊吧，所以說，還是讀文學作品要有趣的多，無論是看《捕夢網》裡的瓊斯如何和外來力量鬥智鬥力，在自己的「記憶倉庫」裡團團轉，還是看《人魔》裡的雷克特博士如何在「記憶宮殿」裡遊蕩，那深刻美妙的文句如何刻畫他的心情轉變和起伏，由此而知在那極度狡獪卻又極度敏感的心靈裡，究竟有些什麼不為人知的情感運作。我喜歡想像自己的腦子是個「記憶宮殿」，感覺起來比「記憶倉庫」要缺少實用性，卻也更為神秘而富有詩意。你呢？你是倉庫還是宮殿？

－－原載於 2010 年七月二十四日

細數《京華煙雲》

最近重讀林語堂的《京華煙雲》，滿腦子都是多年前李建復和潘越雲的歌聲：「在夢境和黎明的交界，曾經是我紅底金字的愛。最明亮時總是最迷惘，最繁華時也是最悲涼。」年輕時把這本書當成《城南舊事》一類的老北京文學來讀，因為距離遙遠且缺乏想像力而無法體會其中的那份深沉。如今年長了，見識雖然沒有增廣多少，耐性和虛心卻培養了一些，在一字一句慢慢咀嚼書中內容時，不禁體會到這本書的重大意義。

《京華煙雲》原本是林語堂用英文寫成，題為 Moment in Peking。據說林語堂當年在巴黎的時候想翻譯《紅樓夢》給西方讀者看，後來卻覺得這本古典小說和現代中國之間的距離太遠，因此決定仿照《紅樓夢》的形式來自己寫一部小說，把近代中國社會文化的各種劇變用平實真切的英文表達出來。有人覺得《京華煙雲》的地位被過份推崇，其結構明顯仿照《紅樓夢》，我卻以為林語堂雖然借用了這本古典小說的架構和語法，在格局和精神內涵上卻又明顯有所勝出，因為《京華煙雲》是以史詩的手法創作的，從小人物的悲歡離合來訴說大時代的轉變，比起榮寧二府眾人的內在辛酸，眼光就顯得廣闊多了。

這當然是我個人的偏見。然而不可否認的是，《京華煙雲》除了細膩地描寫眾多主角的個性和遭遇之外，也像《紅樓夢》那樣洋洋灑灑地描繪了大戶人家的富麗堂皇和小兒女的心事重重。更重要的是，由於這本書是做為對於西方讀者的一部關於近代中國歷史的引薦，其中的闡述、解釋、辯論和分析往往能顯出林語堂本身做為國學大師的人格素養，還有他「兩腳踏東西文化，一心評宇宙文章」的豪情壯志。

《京華煙雲》原著的英文是極為樸素平實的。儘管西方讀者並不一定能完全體會書中所分析的各種深邃的中華文化特色，對於近代中國經歷過的種種苦難卻能心領神會：從義和團事變到民國成立，從袁世凱篡國到軍閥割據，從五四運動到共產思想的引入中國，再到中日戰爭的爆

發。林語堂身為作者,尤其難能可貴的是在這第一本小說之中謹慎地把持住自己對於故土人民的深切感情,文句之中不加判斷,只是誠實地寫出小人物在大環境的變遷之中如何地掙扎適應求生存,然後再誠實地邀請讀者一同來體驗這個過程。

《京華煙雲》於 1939 年底在美國出版,短短半年之內就賣出了五萬多冊,可見當時西方讀者對於東亞情勢的關切,美國《時代》雜誌 (Times Magazine) 甚至認為這本書「極有可能成為關於現代中國社會現實的經典作品」。也許有人以為這本書在美國的暢銷是受了賽珍珠 (Pearl S. Buck) 的「大地三部曲」的影響:《大地》(The Good Earth) 出版於 1931 年,而後於 1937 年改編成膾炙人口的同名電影,《兒子們》(Sons) 於 1932 年出版,《分家》(A House Divided) 則於 1935 年出版。我想像《大地》這部電影中的王龍和阿蘭雖然都是由美國影星飾演,他們的故事卻能讓觀眾泣不成聲,對於東方那塊遙遠土地上的人民和苦難產生了無窮無盡的悲憫與同情。這部電影能獲得五座奧斯卡金像獎,並不是偶然的。

賽珍珠的一系列文學作品激發了西方讀者對中國的興趣,而林語堂既然能以中國學者的角度用英文直接敘寫中國的社會、文化和人民生活,想必能令西方讀者驚為天人。當年林語堂創作並出版《吾國與吾民》(My Country and My People,1935 年)和《生活的藝術》(The Importance of Living,1937 年)這兩本書時,確實也受到了賽珍珠相當的鼓勵,其後寫成《京華煙雲》,賽珍珠評論:「林語堂寫過的作品,從來沒有像《京華煙雲》這部小說一樣,讓他顯得如此道地中國化。他使用了中國小說的技巧,而非西方小說的技巧。這本書讀起來幾乎像翻譯小說,而實際上它極新穎而有創意。本質上中國化的還有:內容涵蓋之寬廣和細節之繁複、它的幽默和悲劇、它強調的人際關係、和它對個性的理解——使偉大和渺小兩者造成對比,且同時予以理解包容的本事,更是中國到家。不過見解則是現代的、敏銳的、批判性的、鑑賞的和公正的,而這正是林語堂自己的見解,他以此見解寫成了這一部偉大的現代小說。」據說林語堂於 1975 年以這部小說獲得諾貝爾文學獎的提

名,應屬事實。

當年林語堂繼續寫了《風聲鶴唳》（Leaf in the Storm，1940年），做為《京華煙雲》的續篇,有人把他於1953年寫成的《朱門》(The Vermilion Gate) 這本書也算在一起,稱為「林語堂三部曲」,因為這三部小說彼此之間雖然沒有關係,卻有內在的精神連繫,也都寄託了林語堂的文化憧憬和人生理想。有學者甚至認為,林語堂在《京華煙雲》和《風聲鶴唳》這兩本書上的成就直追托爾斯泰 (Leo Tolstoy) 的《戰爭與和平》(War and Peace) 或瑪格麗特‧密契爾 (Margaret Mitchell) 的《飄》(Gone with the Wind),卻能避免像張戎 (Jung Chang) 的《鴻》(Wild Swans) 那樣針對中國的歷史社會進行批判,我以為說得很對。如今的西方讀者雖然熱衷中國文學,對於文化大革命和纏足一類的題材畢竟也感到煩膩了。

當年林語堂希望《京華煙雲》這本書能由詩人郁達夫翻譯成中文,卻因為後者在日軍入侵蘇門答臘的行動中身亡而沒有成功。（我想像郁達夫在《沉淪》一書中充份流露的陰鬱愁苦筆調,便覺得這本書沒有被他翻譯出來,也許算是不幸中的大幸。）郁達夫的兒子郁飛後來繼承了父親的志業而於1991年完成了這本書的翻譯,取名為「瞬息京華」,卻因為譯本中大量夾雜的老北京口語而沒有能廣泛地被讀者接受。現在流行的版本是由台灣翻譯家張振玉於1961年完成的,有學者評論為「最具有生命力」的一個譯本,也是大部份讀者心目中的首選。

我自己手上的這本《京華煙雲》也許是採用了張振玉的譯本而又有所減省,因為張振玉的翻譯之所以出色,正在於他翻譯的時候為每個章節增添了標題,就像《紅樓夢》一類的古典小說一樣,每個標題都以對聯的方式出現,工整、對仗、押韻、引人注目,而我手上的這本書卻像林語堂的英文原著一樣,只有章節順序而沒有標題,雖然忠實,卻少了一層色彩。除此之外,書中許多人物的名字也有差異,例如 Tseng Wenpo 譯成「曾文樸」而非「曾文伯」, Tseng Sunya 譯成「曾新亞」而非「曾蓀亞」, Tseng Pingya 譯成「曾彬亞」而非「曾平亞」, Cassia 譯成「桂姐」而非「桂姨」,這些都算是無可厚非,然而

Sun Mannia 譯成「孫曼妮」而非「孫曼娘」，我以為便不太理想了。

《京華煙雲》在台灣於 1987 年改編成電視劇，書中的靈魂人物姚木蘭由港星趙雅芝飾演，其溫柔婉約、賢淑典雅，不知道風靡了多少觀眾，正如林語堂當年寫書時所說，「若為女兒身，必做木蘭也！」（我自己以為飾演曾蓀亞的歐陽龍實在太過木訥，但這畢竟是個人看法而已。）中國於 2005 年也把《京華煙雲》改編成電視劇，請了當紅的趙薇來飾演姚木蘭，並獻唱主題曲。

我想我偏愛趙雅芝飾演的姚木蘭，多少受了她當年在港劇《楚留香》中扮演那令人憐愛的蘇蓉蓉的影響。即便是《京華煙雲》電視劇的片尾主題曲，我也喜歡李泰祥的《浮生夢》：「如今歲月寫下最後一頁滄桑，浮生猶似夢一場，無限思量徒留恨惘，難忘記揮別時離人淚千行，盼重逢又怕見青絲染秋霜，能不能啊今生盟約來世還償。」如今再來聽這優美至極的樂聲，捧讀林語堂樸直誠懇的英文原著，對照張振玉有聲有色的譯本，雖然是在二十一世紀的今天，一絲《詩經》般的溫柔敦厚之意也不禁油然而生了。

後記：本文寫成後不久，有幸透過亞馬遜網路書店 (Amazon.com) 購得 1939 年出版的《京華煙雲》一本，甚樂！

－－原載於 2010 年七月二十八日

賽珍珠的《大地》

　　賽珍珠 (Pearl S. Buck) 是我十分景仰的一位美國作家,也是至目前為止,唯一同時獲得普立茲獎和諾貝爾文學獎的女作家。(就我所知,至今為止,唯一同時獲得這兩個重要文學獎項的男作家似乎只有海明威 (Ernest Hemingway) 一人,由於普立茲獎一向是「美國輿論界的諾貝爾獎」,得獎人又必須是美國公民,美國之外的作家自然很難同時獲得普立茲獎和諾貝爾文學獎了。)讓賽珍珠同時獲得這兩個獎項的作品是「大地三部曲」的第一部,《大地》(The Good Earth)。系列中的其他兩部作品則是《兒子們》(Sons) 和《分家》(A House Divided)。

　　《大地》於 1931 年出版,寫的是中國北方農民王龍的故事,背景設在中日戰爭以前。王龍雖然貧窮,卻能體會到有了土地便得以生根的道理,在娶了妻子阿蘭之後,因為大規模的飢荒而全家流落到南方,又因為因緣際會而獲得一筆財產,回到北方之後便買房置產,心心念念只在於擁有土地。他致富以後不免也像一般人一樣,期許子女獲得比自己當年更好的生活條件,娶了一位賣唱女子作妾以滿足自己的虛榮心,同時對老妻阿蘭感到羞愧萬分。他像一般人一樣只求平靜安定,重土崇鄉,然而隨著時代的轉變,他也只不過是個普通人,面對子女賣田賣地的打算而無能為力。

　　的確,《大地》只不過是個平凡中國農民的故事,然而正因為作者的文筆平實而又細膩,深切地寫出了王龍對於土地的感情,這個故事在過去七十年以來不知道感動了全世界的多少讀者,充份反映出各個文化中普通人對於鄉土的留戀和珍惜。也因為這份感動,1930 年代的美國讀者多少能體會到中國人民的堅苦卓絕,即便是街頭巷尾的普通居民也因為賽珍珠的這本書而知道中國的存在,對於中日戰爭期間的中國人民不禁付出無限同情和支持,這是美國政客和軍方所無法達到的宣傳效果。

　　《大地》這本書於 1932 年被改編成舞台劇,風評不甚好。到了 1937 年,米高梅公司 (Metro-Goldwyn-Mayer) 把這本書改編成電影,請了一

系列歐美著名演員來飾演書中全是中國人的角色，沒想到卻一炮而紅，獲得兩座奧斯卡金像獎（分別是最佳女主角和最佳攝影）。在拍攝過程中，無論是賽珍珠本人，或是這部電影的製作人，都希望能起用中國演員或至少具有亞裔背景的美國演員，然而一方面因為當時好萊塢影界瀰漫的種族歧見，一方面因為中日戰爭已經爆發，米高梅公司堅持透過化裝技術把所有歐美演員改扮成中國人，中國政府也堅持這部電影不得採用日裔演員。

當時好萊塢唯一的華人女演員黃柳霜 (Anna May Wong) 有意出任電影中的阿蘭一角，卻因為男主角是白人、因此女主角也必須是白人的好萊塢陋規而未能成功。米高梅公司不好意思拒絕這位大明星的盛情，便建議她飾演王龍的小妾荷花這個角色，結果被黃柳霜斷然回絕。「你們要我這個血管中流著中國血液的演員，在一部完全由歐美演員飾演中國角色的電影中，扮演唯一的一個不值得同情的角色？」我想像黃柳霜的兩道濃眉一豎，黑白分明的眼睛簡單俐落地朝米高梅公司的大老闆們瞪著，然後窈窕的身形一轉，就這樣頭也不回地走出了辦公室，那該是多麼大快人心、也足以令好萊塢影界墨守成規的眾人低首慚愧的一景。

多年來，《大地》一直是全世界無數讀者公認的經典作品之一。賓州大學的英語文學專家彼得・康恩 (Peter Conn) 於 1996 年寫成《賽珍珠：文化傳記》(Pearl S. Buck: A Cultural Biography) 一書，用其慣有的優美文字盛讚賽珍珠的文學成就，其中特別提到這本《大地》，指出這本書的暢銷程度在美國文學史、乃至於世界文學史上，絕對是少見的，然而這本書雖然廣受歡迎，卻不能絲毫減低其文學價值，因為即便是所謂的「通俗文學」或「大眾文學」也能真實呈現出社會寫實的一面，更是後人研究當時社會文化轉變的重要依據。

有趣的是，《大地》這本書當年在中國並不受歡迎，一般社會大眾和知識份子不以為平凡單純的農民應該成為代表中國社會文化的典型，對於賽珍珠筆下毫不掩飾王龍致富之後生活腐敗的一面，例如吸鴉片、嫖妓、納妾、給女兒纏足等等，更認為是對於中國形象的一種直接攻擊。（例如魯迅就曾經批評《大地》這本書只不過是「她（賽珍珠）所

覺得的，還不過一點浮面的情形」，巴金也曾說過，他一向不看好賽珍珠，即使她得到了諾貝爾文學獎，他還是不喜歡她。）這和美國讀者從這本書中體會到中國人民愛鄉愛土的情操相比，顯然有相當大的差別，到了 1949 年以後，賽珍珠更因為其堅決反共的立場而被列為中國的敵人。

也同樣是在 1996 年，美國影視紅星歐普拉‧溫芙蕾 (Oprah Winfrey) 成立了「歐普拉讀書俱樂部」(Oprah's Book Club)，對美國觀眾的閱讀習慣造成了相當大的影響，她在 2004 年介紹了賽珍珠的《大地》，同時並列的三本書則是馬奎斯 (Gabriel Garcia Marquez) 的《百年孤寂》(One Hundred Years of Solitude)、托爾斯泰 (Leo Tolstoy) 的《安娜‧卡列妮娜》(Anna Karenina) 以及卡森‧麥卡勒斯（Carson McCullers，即著名的《傷心咖啡店之歌》(The Ballad of the Sad Café) 一書作者）的《心是寂寞的獵人》(The Heart is a Lonely Hunter)。此舉立即把《大地》這本書重新帶回暢銷排行榜上，也喚起無數讀者心中對於賽珍珠溫婉平實文筆的熱情回憶。

如今重讀《大地》，深深感動於賽珍珠誠懇實在而不帶一絲褒貶的筆調，如果說美國是她的根，中國毫無疑問地就是她的家，中國人民也是她的同胞。這位女作家一生為東西文化的互動和交流奉獻，寫這樣一篇短文來紀念她的成就，未免太過輕忽了。

――原載於 2010 年八月六日

《部落格療法》

從廣島到墨爾本的核戰

　　兩天前的八月六日是日本廣島市遭受美國原子彈轟炸的紀念日，電視新聞報導了這個歷史事件六十五週年的紀念活動，其中最值得注意的部份便是今年首次有來自美國和聯合國的代表參加。美國方面的代表自然是現任的駐日本大使，聯合國的代表則是秘書長潘基文 (Ban Ki-moon)，後者在致詞時強調了聯合國希望領導全世界徹底放棄使用核子武器的決心，當年的生還者和十四萬死者的後人也懇求世界各國謹記戰爭的殘忍無情，共同為全球和平而奉獻努力。

　　我在觀看這段新聞的時候有相當複雜的感觸，心中想到的只是這幾天正在讀的《風聲鶴唳》(A Leaf in the Storm) 這本書，林語堂在這本1940 年出版的英文小說裡，細膩地描述了許多中日戰爭期間中國人民所經歷的悲慘處境，讀來令人痛心。我也想到了華裔美國作家張純如 (Iris Chang) 的《被遺忘的大屠殺：1937 年南京浩劫》(The Rape of Nanking: The Forgotten Holocaust of World War II)，有人稱讚這本書是「首部向西方世界介紹南京大屠殺的英文專著」，也有人批評它的觀點缺乏根據，具有史實錯誤、解釋輕率等嚴重問題。無論如何，我幾年前讀這本書的時候，幾乎因為書中描述的歷史事件細節太過詳實殘酷而無法繼續。

　　對於第二次世界大戰之後出生的幾個世代來說，當年的戰爭可能只是遙不可及的歷史，甚至是傳說。我們這些出生成長於和平歲月下的人不了解戰爭的恐怖，也不希望有機會了解。我們鎮日忙於生存、賺錢、求職、購屋、談愛、乃至於無所事事地討論文藝，我們懂得反戰口號的意義，有空時也願意幫忙振臂高呼幾聲，然而我們似乎從來沒有想到過：即便是關於戰爭的些許報導，也可能給人心帶來無法呼吸的壓迫和沉重感受。

　　特別是驚天動地的核子戰爭，讓我想起 1957 年出版的《海灘上》(On the Beach)，這部小說由原籍英國的澳洲作家內佛・舒特 (Neville

Shute)寫成，是他最出名的作品，也有論者以為是「澳洲最重要的小說」。1998年，美國的「現代圖書館」(Modern Library)出版社選出了二十世紀的百大英文小說，其中讀者於1999年透過網路票選的部份就包括了這本《海灘上》，排名第五十六。2006年，美國的科幻小說俱樂部(Science Fiction Book Club)宣佈了過去五十年間「最優秀的科幻和奇幻小說」（1953到2002年），《海灘上》這本書同樣也在榜上，可見其在全球書迷心中的地位和價值。

《海灘上》於1959年改編成電影，不但成為首部獲准在蘇聯公開放映的美國電影，也造成美國輿論大力支持1963年簽署的「部份禁止核試驗」國際條約（Partial Test Ban Treaty (PTBT)，全名是「禁止在大氣層、外太空和水下進行核武器試驗條約」(Treaty Banning Nuclear Weapon Tests in the Atmosphere, in Outer Space and Under Water)）。儘管這部電影獲得了最佳原創音樂和最佳編輯等兩座奧斯卡金像獎，其令觀眾印象深刻的主題卻在於核子戰爭對全人類生命和地球生態的影響。

《海灘上》這本書的場景設在澳洲東南端的墨爾本市，時間則是1963年，第三次世界大戰剛結束不久。當時北半球充滿核子戰爭後遺症的輻射塵，完全沒有人跡，循環全球的氣流更把輻射塵帶到了南半球，整個地球上能住人的地方只剩下了澳洲、紐西蘭、南非和南美洲的南端。即便是這些地區的人們也知道自己的命不久長，充滿毒性而足以致命的輻射塵在不久的將來必定會來到。

書中有一批僅存的美國核子潛艇駐紮在澳洲，接受澳洲海軍的指揮，相關的官兵也在當地建立了每個人都知道為期不會長久的生活。有一天，澳洲接收到來自美國的一段莫名其妙的摩斯電碼，美國潛艇「蠍子號」(USS Scorpion)不肯放棄任何一絲尋找生還者的希望，便從墨爾本啟程航向美國西岸。潛艇的指揮官名叫杜威，心中一直因為把妻子兒女留在美國面對死亡而感到內疚，無時無刻不想像他們可能活了下來，甚至想像孩子們長大成人。杜威在澳洲的伴侶茉拉也因為即將來臨的大難而開始酗酒。

《部落格療法》

「蠍子號」一路向北航行，在澳洲東部的昆士蘭州和北部的達爾文市已經找不到任何人跡。當他們抵達美國西岸的西雅圖時，赫然發現這座死城的發電廠還在運作，而他們先前接收到的神秘電碼，原來只是一扇在風中前後擺盪的窗戶偶爾撞擊到電報機按鍵而產生的隨機訊號。潛艇上的官兵在失望之餘，繼續穿越阿拉斯加灣而抵達太平洋的北端，他們原本以為輻射塵的擴散和污染程度會因為全球氣候的變化而逐漸消減，因此而能提供所有浩劫餘生的人類一線希望，甚至遷徙到南極洲繼續生活，然而事實卻非如此。這個發現讓他們了解到一項殘酷的事實：人類已經完全沒有未來了。

澳洲政府此時已經開始分發免費的自殺藥劑，讓人民不必面對因為輻射污染而造成的痛苦、漫長且悲慘的死亡方式。墨爾本開始陷入前所未有的混亂狀態，人們不是把握生命中最後的時刻尋歡作樂、追求刺激，就是肆無忌憚地燒殺擄掠、鼓動暴行，還有人寄情於虛無飄渺的宗教或迷信，更有人終日消沉、生不如死。「蠍子號」潛艇回到墨爾本以後，所有的美國官兵也回到在澳洲的家中等死，成為這一片混亂的一份子。

這其中有幾個屬於個人的小故事：身為澳洲海軍軍官的彼得必須教導太太瑪莉如何服用自殺藥劑，並且在他們才幾個月大的嬰兒身上執行安樂死的手續；茉拉不再酗酒而開始學習打字和速記，儘管她永遠也不會有機會用到這些技能；科學家約翰和一群好友組織了賽車俱樂部，寧可開快車撞毀在公路上，也不願意坐在家中等死；一群老年人把家中地窖珍藏多年的名酒一瓶又一瓶地喝光，一面緬懷舊事，一面猜測大自然中究竟有哪些生物可以熬過輻射塵帶來的災害。最後，身為指揮官的杜威選擇了再度出海，帶領部下把「蠍子號」潛艇沉到深海裡，不讓美國的尖端科技機密駱在異國政府手中。茉拉在海邊看著心愛的伴侶隨著潛艇消失在海中，然後服下自殺藥劑。與此同時，留在墨爾本的彼得一家人也自殺而死，就像絕大多數的澳洲人一樣，一旦發現自己有輻射中毒的症狀，就選擇用自己的方式自由地離開人世。

看到這裡，讀者可以發現《海灘上》這個故事顯然是相當沉重而令

人沮喪的。作者舒特安排書中的各個主角直接了當地面對現實,避免了極端的情緒波動,不自悲自憐,更不試圖改變已知的未來,這種選擇是神聖而有尊嚴的,卻也有相當的悲劇意味。值得一提的是,書中第三次世界大戰的爆發,起因是埃及運用蘇聯提供的戰鬥機首先對英國和美國進行核子武器的攻擊,北大西洋公約組織因此而以為蘇聯是罪魁禍首,也動用核子武器反擊。作者舒特同時暗示了中國因為中蘇邊境的領土糾紛而主動攻擊蘇聯,因此也遭到莫斯科的反擊。

《海灘上》這部小說於1959年改編成電影的時候,特別請了因為《羅馬假期》(Roman Holiday) 和《白鯨記》(Moby Dick) 等電影而走紅、後來更主演過著名的《梅崗城故事》(To Kill a Mockingbird) 和《天魔》(The Omen) 等電影的葛雷哥・畢克 (Gregory Peck) 擔任男主角,女主角則由1950、60年代最著名的女星艾娃・嘉娜 (Ava Gardner) 飾演。

1959年的這部電影更動了原著小說的許多情節,使作者舒特非常不高興,例如導演史坦利・克萊瑪(Stanley Kramer,後來以執導《紐倫堡大審》(Judgement at Nuremberg)、《誰來晚餐》(Guess Who's Coming to Dinner) 等電影而出名)把神秘摩斯電碼的來源地改成聖地牙哥,保持了舊金山的建築原貌(小說中的舊金山全毀,連著名的金門大橋都倒了),在男女主角之間安插一場床戲(小說中的杜威始終對自己在美國的妻子保持忠貞,但是在現實世界裡只怕很少有男人可以抵擋美女嘉娜的魅力),在電影結束時保住女主角的性命(美女當然不能自殺),更安排男主角帶領潛艇上的所有美國官兵回到家鄉等死(美國人當然要死在美國)。最重要的是,這部電影並沒有指出第三次世界大戰的起因,只是以「意外」的藉口含糊帶過,和原著小說完全不一樣,也難怪作者舒特要氣得跳腳。

到了2000年,澳洲導演羅素・穆卡熙(Russell Mulcahy,於1986年執導過《時空英豪》(Highlander) 科幻電影)再度把《海灘上》這部小說拍成電影,請了澳洲的著名演員布萊恩・布朗(Bryan Brown,主演過電視影集《刺鳥》(The Thorn Birds) 和電影《澳大利亞》(Australia))和原籍英國的瑞秋・沃爾德(Rachel Ward,《刺鳥》的女

主角）加入演出。因為是二十一世紀初的電影，所以在情節上做了許多更新，例如把整個故事發生的時間改成 2007 年，原著小說裡的摩斯電碼也變成從太陽能電力發動的筆記型電腦中發出的自動數位傳訊。有趣的是，新世代的電影果然也比較重情義，電影中的杜威選擇留在澳洲和茱拉共存亡，不再堅持於公於私都要為美國肝腦塗地了。

　　我認為最好玩的是，2000 年的這部電影中，第三次世界大戰的起因竟然是中國的封鎖和入侵台灣，進一步用核子武器攻擊美國，美國因此憤而反擊。我在看這部電影的時候搖了半天的頭，頗為驚異於這個異想天開的構思，轉念一想，這應該也不是絕對不可能的吧。

－－原載於 2010 年八月八日

關於藝伎的政治

最近因為上網搜尋黃柳霜 (Anna May Wong) 的資料，讀到了許多關於華裔女明星在好萊塢求發展的精闢文章，其中有一篇評論的作者從最早的黃柳霜開始，一路討論了陳冲、鞏俐、楊紫瓊、劉玉玲、白靈、乃至於章子怡的表現，以及她們在西方（特別是美國）觀眾眼中的代表和價值，分析雖然簡短而有些偏頗，基本上還是值得讀的。另外還有一篇文章鉅細靡遺地敘寫了黃柳霜的生平，十分精確中肯，有興趣的讀者可以自行用關鍵字上網查詢。

我想起一位在大學裡擔任教授的美國朋友，曾經開了一堂「中國現代電影賞析」的課，一星期介紹一部電影。從《紅高粱》到《大紅燈籠高高掛》，再從《秋菊打官司》到《霸王別姬》，甚至到頗有現代藝術質感的傑作《邊走邊唱》（改編自史鐵生的小說《命若琴弦》）和《藍蝴蝶》，每每聽到他一面盯著播放電影的螢幕，一面如醉如痴地自言自語：「我要鞏俐的電子郵件！誰能讓鞏俐給我寫一封電子郵件啊！」後來我每次在電影或電視影集中看到華裔女明星，都會想到這位美國朋友，如今這麼多年也過去了，不知道他究竟有沒有和鞏俐取得聯絡，或是終於能把注意力轉移到其他女明星身上。

至今為止，最能集中上述各位華裔女明星的好萊塢電影，當然是 2005 年發行的《藝伎回憶錄》(Memoirs of a Geisha)，想來如果不是憑藉製片人史蒂芬・史匹柏 (Steven Spielberg) 的名氣，也很難請到鞏俐、楊紫瓊和章子怡三位女演員，和日本著名的大明星渡邊謙 (Ken Watanabe) 共同演出。眾所周知，這部電影改編自美國作家亞瑟・高登 (Arthur Golden) 於 1997 年出版的同名小說，而這本書當初在美國引起了好一陣風波，因為高登在訪問一位著名的藝伎之後，違背了當初的約定而在小說的前言中提到了她的原名，導致後者觸犯了藝伎界的「封口」規矩。這位藝伎後來除了和高登在法庭外取得和解與賠償之外，自己也出版了一本「真正的藝伎回憶錄」(Geisha, a life)，以和高登互別苗

頭。

　　《藝伎回憶錄》在美國暢銷，在日本卻大受攻擊，許多人以為這本書嚴重歪曲日本的藝伎文化，甚至批評為「美國人對日本文化的強姦」。與此同時，由這本書改編而成的電影，除了在歐美等地的評價不一以外，在日本也被批評得一塌糊塗，中國更進一步禁播這部電影，也不管如虹影一類的知名作家挺身而出，仗義執言「藝術應該凌駕於政治之上」。綜觀這一切褒貶是非，讓我感到興趣的是，作家在創造文學作品的時候究竟得如何小心在意，避免對任何文化的描述失真，而文學作品一旦改編成電影，觀眾和論者的想像落了實，政治的介入似乎就成了無可避免的一場鬧劇。這真的是文學和電影所必須面對的悲情命運嗎？

　　如果從「政治乃眾人之事」這個定義的角度來看，則文學作品必定有其政治性，因為作者如果失去讀者和論者，其作品也失去了公開的價值。一部永遠收藏在作者書桌抽屜裡（或是電腦硬碟中）的作品，充其量只能算是「文稿」而已，作者如果沒有出版的意願、管道和機遇，終究也難以自稱「作家」。一旦文學作品出版了，其存在的意義和價值也因為政治的介入而複雜起來，這裡所謂的「政治」並不是政黨鬥爭或種族歧見一類的嚴肅課題，而是讀者和論者對於作品和作者的看法，以及作品中牽涉到的各種人、事、物和主旨在世間已經具備的內涵與定位。

　　舉例而言，《藝伎回憶錄》這本書面對的是來自美國和日本的讀者和論者，其中則牽涉到對於日本文化中相當特殊的藝伎界的描寫和闡釋，如果要對這本書的意義和價值進行評論，首先就得了解美國和日本兩國人民對於藝伎文化的看法，其次則是兩國之間的歷史往來和互動。相對之下，《藝伎回憶錄》這部電影的情況又更複雜，因為文字的政治性雖然存在，影像的政治性卻更為尖銳真實。再加上這部電影牽涉到美、日、中三國的製作班底和演員，在幾處重要情節上更和原著小說有所不同，因此在面對來自於這三個國家的觀眾和論者的時候，處境艱困，進退兩難，好不容易討得了這方面人馬的歡心，卻又被另一方面的人馬攻擊得體無完膚，其慘狀簡直可以用「滿目瘡痍」來形容，和電影中滿天飛舞的似雪櫻花形成強烈對比。

《部落格療法》

　　首先是美國觀眾對於亞洲人民和文化的「俗見」，這個詞和「偏見」有別，不具有任何負面意義，只代表了長久以來透過電影和其他大眾媒體的傳播而形成的一種在程度上頗為根深蒂固的看法。包括電影在內的大眾媒體雖然力求客觀公正，往往也得承受輿論壓力而把報導的重心集中在某些特別能吸引觀眾注意力的課題上，例如《藝伎回憶錄》這本書的原始用意也許在於揭露藝伎界長久以來不為人知的一些秘辛，然而隨著作者高登必須面對的法律訴訟、以及美國和日本各界對於這本書的評價傳播，媒體多少要報導兩國之間長久以來的各種交流，因此而對這本書針對藝伎文化的敘寫提出各種正面挑戰和反面顛覆。

　　其次，由於《藝伎回憶錄》的主題是日本文化和人民，電影拍攝時雖然出於「演員名氣」和「既成演技」的考量而選擇了三位華裔女明星擔任主角，此舉卻造成日本觀眾的不諒解，更引起中國觀眾的憤怒與反動。導演羅勃‧馬歇爾 (Rob Marshall) 特別指出，1964 年電影《希臘左巴》(Zorba the Greek) 拍攝的時候，同樣出於演員名聲和既有成就的考量而選擇了具有愛爾蘭和墨西哥血統的大明星安東尼‧昆 (Anthony Quinn) 來飾演一位希臘人，其成就有目共睹，類似的例子還有很多，不值得各界大驚小怪。與此同時，在許多日本藝人和觀眾因為這部電影沒有選擇日籍女明星參與演出而大肆抱怨的時候，男主角渡邊謙卻挺身而出，坦白指出「演技當然比國籍更重要」，此外如本身是韓國裔、加拿大籍而在美國《六呎風雲》(Six Feet Under)、《實習醫生》(Grey's Anatomy) 等電視影集中表現傑出、聲名大噪的吳珊卓 (Sandra Oh)，也提出了亞裔演員應該彼此協助支援的理想。

　　然而抱怨聲最大的應該算是中國了，因為鞏俐和章子怡都是著名的中國女明星，楊紫瓊也是來自馬來西亞的華人。中國觀眾和論者對於這部電影的選角之所以不滿，在於俗見對「伎」和「妓」這兩個字的誤解，再加上中日戰爭期間所謂「慰安婦」的歷史悲劇，導致許多人以為這三位華裔女明星參與《藝伎回憶錄》的演出，對中國是一種侮辱。針對這一點，章子怡特別提出反駁，指出「無論是日本人、中國人或韓國人，對於藝伎文化都得進行深入了解，因為今日幾乎沒有人真正了解這

種文化的內涵」。她進一步強調：「《藝伎回憶錄》不是一部記錄片。我記得有中國報紙報導，因為我們只花了六個星期來學習關於藝伎的一切，這對於整個藝伎文化而言是一種缺乏尊重。這種論調就像是有人要扮演一個強盜的角色，就一定得先有過搶劫的經驗一樣。從我自己的角度來看，這整個爭議的重點在於中日兩國緊張的歷史關係。這整個問題就像一個地雷。也許人們對這部電影如此大驚小怪的原因之一，便在於他們想要找個管道來發洩自己的怒氣。」

這個管道最後由中國政府出面提供。《藝伎回憶錄》於 2005 年發行的時候，中日兩國之間的政治外交關係正陷入緊張狀態，日本教育當局竄改教科書而把對於中國的入侵改為「進出」，日本首相小泉純一郎 (Junichiro Koizumi) 也數次參拜靖國神社 (Yasukuni Shrine) 而向第二次世界大戰中犧牲的日本官兵致敬，中國認為這是日本官方公開對於日本戰犯的肯定和推崇，因此以堅決反對日本成為聯合國安全理事會 (United Nations Security Council) 一員的手段進行回擊。在這樣劍拔弩張的形勢之下，《藝伎回憶錄》雖然排定於 2006 年二月在中國首映，中國國家廣播電影電視總局卻當機立斷，決定於二月一日公開宣佈禁止這部電影在中國上映。

這是文學、乃至於電影之所以無法避免政治介入的最好例子，正因為文學和電影必須接觸眾人，所以無法避免眾人之事。誰願意寫出一部永遠不會有讀者的文學作品？又有誰願意拍攝一部永遠沒有觀眾的電影？文學和電影既然要擁抱群眾，甚至取悅他們，在某種程度上就必須妥協，這是文學創作者和電影製作者的悲哀，卻也是公認的現實。也許文學和電影的權利在於凌駕國界、種族和文化意識之上，盡情而直接地透過各種形式來表達真善美的內涵，然而作者和導演的義務卻在於力求客觀，在求善、求美之餘，更要注意求真。

的確，文學創作者和電影製作者唯一可以相信、堅持而引以為傲的，便是只有真相可以說服眾人。然而，令人遺憾的是，在眾人眼中的真相又有多少種版本？即便是理應求真的文學和電影，往往也會刻意製造出各種版本的真相來吸引讀者和觀眾的注意。舉例而言，電影《藝伎

回憶錄》在改編原著的時候，特別把小百合 (Sayuri) 在第二次世界大戰之後為了拯救會長 (The Chairman) 和野武 (Nobu) 的事業而必須著意討好的對象，從日本的一位部長換成來自美國的一個粗野無禮的財主。這個更動雖然細微，是不是代表了電影製作時對日本觀眾的討好和妥協？即便是高登本人，在小說中描述小百合以前所未有的高價出賣「初夜」(Mizuage) 的情節時，也刻意把這個原本只透過剪髮和晚宴來象徵藝伎正式出道的儀式，渲染成個人貞操的付出。這個改變，是不是也屬於作者為了增加作品戲劇性而刻意做出的選擇？由此可見，文學和電影因為在本質上是眾人之事，政治性自然是免不了的，至少從《藝伎回憶錄》這個例子來看，其悲情命運似乎也是自己創造出來的。

——原載於 2010 年八月九日

《部落格療法》

《三杯茶》的啟示：父母給孩子最好的禮物

最近有幸聽了某位小學校長的演講，獲益良多，因此摘要在這裡和讀者分享。校長演講的主題是父母和孩子們為了小學教育所做的準備，這是整個家庭必須合作互助以面對的人生新階段，充滿了興奮、緊張和期待。

校長所作的簡報第一頁便是一個小女孩站在大路上凝視遠方的照片，地平線上的天空裡寫著四個紅色的數字：2026。校長開場便說，明(2011)年進小學的孩子，如果一切順遂的話，要等到2026年才能完成學業（小學六年，國中三年，高中三年，還有大學四年）。講台下的無數家長們一聽之下不由得「啊！」了一聲，這條教育之路還真不是普通的漫長啊！

校長笑笑，隨即提出了一些父母親可以和孩子們一起準備踏上這個漫長旅程的原則。首先，學校教育雖然開始，家庭教育卻永遠不會終結。父母從子女出生以來就可以幫助他們適應各種多采多姿的人際關係：首先是最密切的親子關係，然後是孩子們對於其他可以信賴的成人的接受，然後在進入學校之後學習和老師與同學們相處。這些人際關係都是孩子們日後有能力適應社會發展的基石，父母所能做的便是依據每個孩子的心性不同而提供適當的引導和輔助，讓他們可以順利適應、主動建立並積極珍惜各種人際關係。

校長進一步指出，孩子們未來成功的要訣有四項：合群 (getting along)、自信 (confidence)、組織 (organization)、毅力 (persistence)；而最重要的「合群」這方面，其實就是對於人際關係的適應和培養。

校長舉出著名的《三杯茶》(Three Cups of Tea) 為例。這本號稱「令全世界為之動容」的書於2007年出版，作者是葛瑞格・摩頓森 (Greg Mortenson) 和大衛・奧立佛・瑞林 (David Oliver Relin)。簡單地說，摩頓森是一個攀山家，在1993年攀登世界第二高峰時發生意外，被巴基斯坦山區一個小村落的村民救護，在那裡待了半年。摩頓森有感於

當地的孩子們沒有教育資源，只能在刺骨的寒風中坐在髒污的泥地上劃字，便下定決心回美國籌款，在之後的十二年中，一共在巴基斯坦、阿富汗及西藏山區建立了六十所學校，特別是讓女孩子們也能受教育的學校。

校長透過這本書指出，孩子們學習的天賦和欲望是自然的，父母所能做的便是盡力培養，並且結合學校和社會教育以徹底發揮這份天賦，滿足這份欲望。孩子們的潛力是無限的，只要有人願意灌溉，小小的種子也可以長成參天大樹。

然而校長最想要強調的，還是書中的摩頓森如何從巴基斯坦山區的村民那裡學到了「喝茶」的哲理。《三杯茶》這本書於 2008 年在台灣出中文版的時候，強調的是透過喝茶而建立親密而誠懇的人際關係：「敬上第一杯茶，你是一個陌生人；再奉第二杯茶，你是我的朋友；第三杯茶，你是我的家人，我將用生命來保護你。」然而摩頓森學到的不止於此，還有如何從忙亂緊張的生活中暫時脫身出來，輕鬆自在地坐下來喝一杯茶，同時舒緩平靜地進行一些談話，思考一些道理，甚至什麼都不想，只在氤氳的茶水熱氣中安安靜靜地享受一種悠閒的心境。

（我聽到這裡，不禁想到 2006 年發行的電影《霍元甲》，主角由動作巨星李連杰飾演。霍元甲早年好勇鬥狠，浮躁傲慢，因為自己好勝心太重而鑄成大錯，從此萬念俱灰，自我流放到一個偏僻的村落，隱姓埋名。隨著時日的過去，與世無爭的農村生活不但讓霍元甲逐漸忘懷一己傷痛，能再度振作而積極地發展人生，更教導了他享受生活、珍惜生活的道理：無論再怎麼農忙，清風吹過山間樹林的時候，別忘了放下手上正在插的大把秧苗，直起身來敞開衣襟，享受瞬間悠閒無羈的自由感受。）

校長的結論是，這便是父母所能給子女的最好禮物：做一個凡事不匆匆忙忙的家長 (be a unhurried parent)。正因為孩子們長大的速度太快，父母應該珍惜和孩子們相處的時間，不急著出門賺錢、回家煮飯，不急著送孩子們去補功課、學才藝，不急著為他們未來三十年的教育、生活、就業、購屋、乃至於結婚生子打算，不急著希望他們快快長大，

知書達禮，自己便可以放鬆（乃至於脫卸）做父母的責任，甚至要求他們回頭來奉養自己。

　　這種樂活、慢活的哲理，給了我很大的啟示。希望所有身為父母和未來想當父母的讀者們，都能珍惜和孩子們相處的時光，坐下來喝杯茶、看本書、和孩子們聊天玩耍，或是乾脆什麼也不做，享受那一陣清風。

－－原載於 2010 年十一月二十四日

《部落格療法》

我的四位神父

　　張翎的《溫州女人》是一部溫柔婉轉、看完之後令人流連忘返的好小說，我在讀其〈卷首語〉的時候，特別注意到作者的這一段話：

　　「近年來我的小說裡連續出現了一些牧師或與牧師相近的人物，朋友們開始取笑我的『牧師情結』。其實我更願意把牧師看作普通男人，一些離天略為近一些，離地略為遠一些的男人。我的本意是寫遭遇：男人遭遇女人，信念遭遇欲望，感情遭遇時空的那種遭遇。在這樣的遭遇網裡，牧師是最合宜的載體。在牧師這個位置上，各樣的遭遇不能不推入極至。極至的殘酷裡就出現了人性的拷打，拷打中催生了小說的淒婉。在經歷了這樣的極至之後，很少有人可以面不改色地對上帝說：『主啊，我愛你勝過愛世界。』」

　　我很喜歡這段話，只不過我自己在書裡讀到的都是受到「人性拷打」的神父，而不是牧師。有一回在寫一篇關於美國作家史蒂芬‧金 (Stephen King) 的文章的時候，提到了《撒冷鎮》('Salam's Lot) 這部小說裡被吸血鬼詛咒的卡拉翰神父 (Father Callahan)，他後來也是著名的《黑塔》系列 (The Dark Tower series) 裡的重要人物之一。因為這個機緣，使我想到了自己在書中所讀過的其他三位神父，且在這裡略作記敘，和讀者分享。看完這篇文章之後，各位讀者可不要笑我有「神父情結」啊！

　　卡拉翰神父一度失去對神的信心，因此被吸血鬼下了詛咒，永世不得超生，連自己的教堂都進不去。他自慚形穢的身影消失於《撒冷鎮》，卻又出現在《黑塔》系列裡，在《卡拉之狼》(The Wolves of Calla) 一書中成為吸血鬼的剋星，為興復自己的宗教和保衛人民而獻身。他在《蘇珊娜之歌》(Song of Susannah) 裡繼續對抗邪惡勢力，更在《業之門》(The Dark Tower) 中捨身取義，犧牲自己而成大業。他終於能明白自己在《撒冷鎮》中未能了解的事：他對於宗教的信心完全在於人神之間，不需要透過任何人為建構的團體或物件而實現。當年他手中

的十字架碎裂，使他以為自己被神放棄而絕望，如今他根本連十字架都不需要，神就在他心裡，他就是神。

這總是讓我想到 1971 年出版的《大法師》(The Exorcist) 這部小說，作者威廉・彼得・布雷提 (William Peter Blatty) 同時也為 1973 年由小說改編而成的同名電影撰寫劇本，因而獲得奧斯卡「最佳劇本」金像獎。小說裡的卡拉斯神父 (Father Karras) 是希臘裔的美國耶穌會教士，因為自己一心沉浸神學而不能好好照顧年老力衰的母親、甚至沒有能在後者臨終前見她一面而自責不已，也因此而開始懷疑宗教的價值和意義。像卡拉翰神父一樣，他也受到惡魔的挑戰，面對被非洲邪靈「帕祖祖」(Pazuzu) 附身而百般折磨的的十二歲女孩蕾根 (Regan MacNeil)，他必須承受各種肉體和心靈上的摧殘與誘惑，包括「帕祖祖」化身為他死去的母親，滿臉哀怨地控訴這個不孝的兒子。

和卡拉斯神父共同對抗「帕祖祖」的是梅云神父 (Father Merrin)，他兼修考古，卻在漫長艱苦的驅魔儀式中不幸心臟病發作而死去，留下卡拉斯神父獨自負擔拯救蕾根的重責。卡拉斯神父最終犧牲自己的生命而救了蕾根，然而在《大法師》這部小說於 1983 年出版的續集《群魔》(Legion) 中，他的身軀卻被「帕祖祖」利用，放入殺人兇手的惡靈，因而再度掀起一陣血腥風波。我在看這本書的時候覺得作者對卡拉斯神父實在不公平，他的靈魂承受了如此多的苦難，在殺身成仁之後還要拿他的身軀來大作文章。我因此也覺得《大法師》不只是一部單純的恐怖小說，其寫出了太多神職人員不為人知的辛酸。他們願意向神靠近而卻必須遠離人世的悲哀，他們不能兼顧兩者的怨怒，正襯托出人與神之間的距離有多遙遠。

我所讀過最令人傾心的神父，是澳洲作家柯琳・瑪嘉露 (Colleen McCullough) 於 1977 年出版的經典名著《刺鳥》(The Thorn Birds) 中的那位瀟灑倜儻的布萊卡薩神父 (Father Ralph de Bricassart)。這部小說於 1983 年改編成電視影集時，布萊卡薩神父由帥氣到令人無法直視的理察・張伯倫 (Richard Chamberlain) 飾演，他憂鬱的眼神傳達出內心中的各種折磨和苦難，不知道令全世界多少女人心醉。

布萊卡薩神父對於神學的追求混合了權力欲望。並不是他不愛神，而是他堅信自己唯有登上高位才能盡力為神付出，因此他不擇手段地追求各種在教會裡升遷的機會，包括利用自己英俊的容貌吸引各種上流社會的仕女或寡婦，使她們甘願把財產捐贈給教會，換取他的一個溫文微笑。他內心真正愛的是出身貧窮家庭的瑪姬 (Maggie Cleary)，這個單純天真的小女孩長大成為一個堅忍卓絕的女人，她無法容忍宗教奪走布萊卡薩神父，對神的態度也是懷恨而充滿嫉妒的。

布萊卡薩神父和瑪姬最後終究有了相聚的機會，然而他卻不知道自己因此而有一個兒子，更不知道這是瑪姬對於神的報復，因為神奪走了她心愛的男人。然而正如她的母親所預示的，瑪姬從神那裡偷到的，神終究也會收回，因此這個漂亮的男孩不幸淹死，布萊卡薩神父在知道實情後也心碎而死，留下瑪姬再度孤單寂寞。書中唯一可以預見的轉折是神的無情，毫不偏頗、淡然觀察世間人事變換的那種置身事外，看凡人為了祂而糾結纏綿，從不動心，從不悲憫。遇到這樣的神，一生為之奔走經營的布萊卡薩神父也不得善終，而命運坎坷的瑪姬也無法得到任何同情，只有一整個家族的興衰盛亡，像流水清風那樣轉瞬間就被世人淡忘。

丹・布朗 (Dan Brown) 的《天使與魔鬼》(Angels and Demons) 一書也有一位頗具野心的神父。這部小說於 2000 年出版，於 2009 年被大導演朗・霍華 (Ron Howard) 改編成電影時，特別邀請來自蘇格蘭的大明星伊旺・麥奎格 (Ewan McGregor) 飾演教會總司庫 (camerlengo) 派垂克・麥肯那神父 (Father Patrick McKenna)，其英俊瀟灑一點也不輸於當年的張伯倫。

這部小說對麥肯那神父的個性塑造並不深切，純以情節取勝，但是讀者可以從字裡行間看出他對宗教的赤膽忠心，為了帶領教會回到他所謂的正確走向而不惜深謀遠慮，贏取人心，卻在成為萬人景仰的英雄之後事機敗露，功虧一簣，只好以聖火油自焚而死。他所面對的「人性拷打」是自以為能了解神的意旨的狂妄自大，因此他雖然一心一意為宗教付出，從來就不悲憫世人的神當然也不會給他任何的特別待遇。

《部落格療法》

　　這倒是讓我想到過去寫的一篇題為〈續：英雄難為〉的文章：「英雄如果不在某種程度上犧牲自己的福祉和利益，不成為天底下命運最悲慘的人，也算不上是英雄了。古今中外，誰看過、聽過或讀過任何快樂英雄的故事？」寫到這裡，我更同意張翎的話：「在經歷了這樣的極至之後，很少有人可以面不改色地對上帝說：『主啊，我愛你勝過愛世界。』」

——原載於 2010 年十二月二日

第二部:我思我感

《部落格療法》

《部落格療法》

逛書店的辛酸

　　今天傍晚難得有機會可以完全不受干擾地逛一趟書店，沒有時間的壓力，沒有一同逛街的親朋好友在一旁不耐煩地等待，只有自己輕鬆悠閒的心情，以及隨時準備從背包裡拿出錢包付錢買書的打算。距離上一次逛書店，已經不知道有多久了，看到店裡依然穿梭著各式各樣的愛書人士，就覺得一個喜歡讀書的社會總是還有希望。

　　一排排書架慢條斯理地逛過去，整個店總有幾萬本書吧，分門別類、依照作者姓名的英文字母順序整齊地排列著，不論出版年代，也不管彼此的內容之間有多少差異，就這樣安靜地擁擠在同一個書架上，等待有心的讀者來挑選。有許多作家的名字是我已經熟悉的，看到他們又出了新書，或是哪一本舊作被刻意拿出來陳列介紹，心中不禁也為他們高興。然而新一代的作家實在是太多了，書名越來越特異獨行，封面設計越來越花俏精美，書的內容與題材也越來越廣泛而深入。難道現代出版印刷的技術已經進步到任誰都能出書嗎？還是社會整體文化的水準已經提升到每個人都有專業的知識和技術來創作一本屬於自己的書？無論是哪一項，都是好的發展。

　　逛到一定的程度，心裡就慢慢有壓力了。身為讀者，不禁恐慌於這麼多的書，各有各的特色和價值，究竟應該怎麼選擇才好？就算自己什麼事都不做，每天每夜都在孜孜不倦地看書，一生之中又能讀完多少書？我一向認為世界上只有好書，沒有壞書，只要書中有一頁、甚至一個字句，可以給我啟發，那這本書就是有價值的。如果真要依循這樣的標準，那我大概會得憂鬱症，看到那麼多好書，卻不能全部買下來，就算有錢買也沒有時間讀，真是令人心痛。

　　身為作者，心中的壓力更大。寫書容易嗎？應該不難！出書容易嗎？比以前要容易太多囉！那麼真正能創作出撼動人心、讓讀者一生一世都銘感五內的作品，真正功成名就而受人尊敬喜愛的作家，又有多少人能當得起？只怕很少吧！書店裡每天都有新書上架，每天卻也有更多

的書從一般架上被移到「特價品」陳列區、乃至於「大減價」的攤位。清代曲家孔尚任筆下所謂的「眼看他起高樓，眼看他宴賓客，眼看他樓塌了」，想來就是這種心情。面對這種「三分鐘熱度」的出書方式，顯然連十五分鐘的名氣 (fifteen minutes of fame) 都享受不到，誰還敢寫書？誰能在嘔心瀝血創作的同時，還忍住不去想像自己將來僥倖能出版的書，究竟能在書店裡的陳列架上待多久？

　　身為譯者，逛書店的感覺實在太奇妙。有許多書都是在網路上看到有人寫中文版的書評，之後才去找原著的英文書題，再透過網路搜尋而進行了解，真正是自己心儀的好書才會動念買下。此刻在書店裡看到實體的英文原著，捧在手裡，感覺起來竟然和其中文版本是兩種完全不同的個體，具有完全不一樣的生命。台灣對於世界各國文學作品的翻譯出版，究竟是遵循著什麼樣的原則？在百家爭鳴、百花齊放的同時，有沒有人計算過每年台灣究竟翻譯了多少外文書，又都是哪些文類和內容？台灣的讀者在看一本書的中文版時，是否也和國外的讀者在閱讀原著時擁有相同或相似的感受？這其間的轉換是否成功，譯者當然要負相當大的責任，然而誰又能客觀精準地對譯者的表現和成就進行評量？讀者真的又會在乎嗎？

　　另一種時空差異的感覺來自於每一本書的原著和中文版出版的時間差異，封面設計及整本書的設計和印刷樣式，書名的直接翻譯或另起爐灶，以及作者大名的翻譯更改。比方說，前不久才在網路上看到有人專門介紹《斯德哥爾摩復活人》這本書，作者是約翰‧傑維德‧倫德維斯特，現在在書架上找到英文譯本 Handling the Undead，是從瑞典文翻譯過來的，作者是 John Ajvide Lindqvist。我捧著這本書看了半天，怎麼也不能把印象中讀過的中文書評和眼前的英文譯本結合在一起。這種感覺就像是一個人的靈魂出竅而轉移到另外一個人的身體裡，明明是同一個人，可是感覺起來就是不一樣。童話電影《美女與野獸》(Beauty and the Beast) 裡的女孩可以憑那一雙美麗的藍眼睛而認出從野獸回復人身的王子，而我又如何去尋找、發覺、乃至於證明這本書的中文譯本、英文譯本和瑞典文原著，其實擁有相同的靈魂之窗？萬一證明了又如

《部落格療法》

何?如果證明不出來,或是證明的結果竟然錯誤,給人的打擊豈不更大?

　　逛書店逛到滿腹辛酸,還是不逛也罷,可是我這人從來便是一進書店就一定要買書,人生哪有既入寶山卻又空手而回的道理?我在書店裡打轉了許久,終究是打不定主意要買哪一本書,最後只好隨手抓了一本,匆匆付了帳以後便落荒而逃,好像背後有什麼洪水猛獸追趕似的。你要不要猜一猜,我究竟買了哪一本書?如果是你,又會挑哪一本書?

──原載於 2010 年六月二十七日

心碎的滋味

日前和一個三歲小女孩一起烤餅乾，為了哄她高興，特別用了心型的烤模。一陣手忙腳亂之後，很快地，許多顆扁平的心便香香脆脆地躺在烤盤上乘涼了。

把這些心型餅乾放到罐子裡保存時，不小心失手摔了幾個在桌上，破碎的心躺在一堆餅乾屑當中，看起來楚楚可憐。小女孩嚷著要吃，我說，這心碎了，不好吃，妳挑顆完好的心吃吧。小女孩才不在乎，伸手抓起碎餅乾就往嘴裡放，一面還煞有介事地點點頭說，碎了的心真好吃。

我心想，妳這小孩說起話來還滿有哲理的呢。

綜觀古今中外的文學作品，歸根究柢，其內容無不和兩個主題有關：「愛」和「死」。無論是家人或朋友、夫妻或兒女、天下或國家、眾人或自我，愛得越是刻骨銘心，筆下的情感便越深厚，能觸動讀者心弦的力道也就越深。如果這愛意得到了回報，自然是皆大歡喜，然而綜觀古今中外的文學作品，往往越是描寫各種失敗或得不到的愛意，心碎得越是徹底，便越討讀者喜歡。

試想，賈寶玉如果順利和林黛玉成了親，《紅樓夢》這本書大概也不會存在了。羅密歐和茱麗葉如果都沒有死，他們順利長大、結婚生子、買房求職的過程想來也沒有多少人要讀。梁山伯和祝音台的生死相許不知道哭濕了讀者多少條手帕，然而郝思嘉如果順利嫁給了白瑞德，恐怕也只能單純地作個亂世「家」人。

我想起那幅著名的畫作〈夏洛特女郎〉(The Lady of Shalott)，由英國畫家渥特豪斯 (John William Waterhouse) 於 1888 年完成，畫作本身的靈感來源則是詩人坦尼生 (Alfred Tennyson) 參考一連串的亞瑟王 (King Arthur) 傳奇而寫成的同名詩篇。詩中說夏洛特女郎住在一條流向卡美洛（Camelot，亞瑟王的帝國）的河流中的一座小島上，因為受到詛咒而不能親眼觀察四周的世界，只能終日織著一個具有魔力的網。她經

常從鏡子裡偷窺窗外的人事物，河流對岸的村莊裡奔忙的人群，安逸單純的農家生活。然而因為鏡中沒有什麼特異的事物，她的生活中也沒有什麼必要的憂愁喜樂。

有一天，騎士藍斯洛 (Sir Lancelot) 經過村莊而到卡美洛去向亞瑟王效忠，熟知亞瑟王傳奇的讀者都知道，他在不久的將來會和亞瑟王年輕的皇后瑰納芮兒 (Guinevere) 發生一段戀情。夏洛特女郎在鏡中看見英俊的藍斯洛，竟然從此不能自拔，頻頻向窗外卡美洛的方向望去，希望能再見他的容顏。這時，她的詛咒發作了，鏡子在她眼前碎裂成千萬片，那張她辛苦織成的網也飛落窗外而隨水流失。夏洛特女郎坐入河上的一條小船，在船上寫下自己的名字，然後放手讓小船緩緩往卡美洛的方向流去，然而她在抵達之前就死了。載著她的屍體的小船漂過亞瑟王的宮殿，許多騎士和宮女都圍過來看，猜測這個神祕的女郎究竟發生了什麼不幸。只有藍斯洛在一旁饒有興味地沉思，他說：「她長得很不錯啊，願上帝的慈悲保佑她安息，夏洛特女郎。」

我想起有學者在評論這幅畫的時候，特別把焦點集中在夏洛特女郎船頭上的那三根蠟燭，兩根早已熄滅，剩下的一根也在風中掙扎，燭火隨時可能熄滅。畫中的她半仰著臉，一副悲哀而命定的神情，長長的棕髮在風中飄搖，一手扶住船舷，似乎早已知道自己在不久之後即將面對的心碎與死亡。這是她的命運，她的詛咒，她心中十分清楚，卻也不試著躲避。這種心碎的滋味在愛爾蘭女歌手蘿瑞娜・麥坎尼特 (Loreena McKennitt) 清澈嘹亮的歌聲中表達得最為明顯，令人心痛長嘆，卻也奇特地令人嚮往。

我每次讀這首名詩〈夏洛特女郎〉，看到這幅畫，聽見這首歌，除了想到藍斯洛和瑰納芮兒之間的相愛卻不能相聚之外，也會想到史恩・康納萊 (Sean Connery) 在《第一騎士》(First Knight) 這部電影中飾演的亞瑟王。他在建立卡美洛盛世的時候已經年老，明知道自己的皇后和理察・基爾 (Richard Gere) 飾演的藍斯洛相戀，卻出於尊嚴和驕傲而不能說什麼，只能承受嫉妒的煎熬，更因為自我追求正義公平的信念，無法就此把確實有才氣和武藝的藍斯洛逐出卡美洛。此時的他，縱然功成名

就，受萬民景仰，卻也只能希望自己再度年輕一次，可以贏回皇后的愛情。亞瑟王在電影結束時戰死，把卡美洛和瑰納芮兒都託付給藍斯洛，後者身為圓桌第一騎士，儘管和皇后之間只是純粹柏拉圖式的戀情，卻也不免心中內疚，最後終於能用亞瑟那把著名的「王者之劍」(Excalibur) 擊敗敵人，復興卡美洛，然後飄然遠去。

　　電影中亞瑟王的屍體躺在一條小船上，慢慢順水流遠，遠離讓他成功卻也讓他心碎的卡美洛，然後整條船燒了起來，把所有的榮辱恩怨都化為灰燼。我常常覺得，這幅畫面，其實和一個人死在小船上的夏洛特女郎也沒有什麼不同。無論是英雄還是無名，一旦心碎，其命運就注定了悲涼，然而他們的故事或傳說卻使全人類的文學藝術發展有了如此精深豐富的內涵！

——原載於 2010 年六月二十九日

《部落格療法》

死亡是現實和永恆的第一次接觸

　　說起來可能令人難以置信,但是標題的這句話是我在夢中得來的。我平常很少做中文的夢,所以一旦夢裡出現中文,我總是會特別小心在意,一醒來就拿筆記下。

　　夢中,「死亡」和「接觸」這兩個詞是相當確定的,「現實」和「永恆」卻有些模糊,好像在雲霧中看不見確切的身影。在真實生活中也是一樣吧,現實的種種要求可能逼得人喘不過氣,永恆卻是飄渺雲煙,很難加以界定,更難以想像。至於永恆的現實性?或是現實的永恆性?別說了,聽得人心驚膽跳,畢竟當下還是最重要的。

　　我在前一篇題名為《心碎的滋味》的文章裡說:「綜觀古今中外的文學作品,歸根究柢,其內容無不和兩個主題有關:『愛』和『死』。」那篇文章討論的是愛意在文學中的呈現,這篇文章便來說說文學中的死亡。其實人雖然怕死,更令人恐懼的卻是親愛的人所面臨的死亡。凡人不在乎失去自己,卻害怕失去所愛的人,那感覺就像是自己依然存在,靈魂卻不見了,空空蕩蕩的行屍走肉,生命也失去了意義。只要能保有親愛的人,便是自己失去生命也不在乎,只希望自己能永遠存活在親愛的人心中,就算是做鬼跟著他或她飄搖,也是好的。

　　如此說來,「愛」和「死」其實也脫不了關係。如果沒有愛,尤其是對自我或他人生命的摯愛珍存,死便也沒有那麼令人懼怕了。

　　我一向覺得,要描寫男女之愛、乃至於對國家社會的大愛,或許比較容易,但是對於親人的摯愛、尊敬、仰慕、痛惜,要直接下筆卻很困難,像朱自清和龍應台那樣的優秀作家能透過「背影」來敘寫,實在是難能可貴,一般人便有些望塵莫及了。於是有些作家便把「愛」和「死」這兩個主題結合在一起,透過對於失去親愛的人的描述,間接襯托出親愛的人對於自我的重要性。正因為自己不擇手段要把親愛的人留在身邊,才更顯示出這愛意的深厚永恆,足以穿越任何疆界。

　　比方說,最近經常有讀者和論者提起兩本書,《斯德哥爾摩復活

人》(Handling the Undead) 和《寵愛珍娜》(The Adoption of Jenna Fox)，討論的都是這個題材。出於對親情的不捨，《斯德哥爾摩復活人》裡的許多父母選擇帶了死而復活的孩子逃亡，寧可看著他們不食不動、沒有意識也沒有反應地坐在自己眼前，也不願意再和他們分別一次，這是對於不完美到極致的生命的容忍，只因為自己不甘心被死神擊敗。相對之下，《寵愛珍娜》裡的父母選擇了運用科技再一次創造自己的孩子，這固然是對於完美的追求，卻也是對於生命的修改，更是對於死亡的反擊。前一本書訴說的是身為父母的親情，後一本書記錄的卻是孩子的心情。

至於我自己想舉的例子卻是《寵物墳場》(Pet Sematary) 這部小說。書中的一群孩子面對寵物的死亡，用自己單純的心力建造了一座墳場，親手送別了寵物，生活中的這個篇章便告結束，生命也可以平靜無波地持續下去。

可是，身為成人的父母卻不能就這樣輕易地割捨親情。成人的世界複雜，牽絆也多，任何單純的心緒都是過往雲煙，只知道憑著自己的努力，也許乾坤都能扭轉。於是身為父親的男主角為了不使女兒傷心而極力保住家中寵貓的性命，為了不肯失去兒子而採取各種手段把他留在自己身邊，到最後失去了妻子，自己也瀕臨瘋狂，卻還心心念念地要讓妻子復生，這份難捨足以令人動容，卻也讓人毛骨悚然。

我以為這便是親情之所以令人感到恐怖的地方，因為親情足以穿越生死區隔，是宇宙中最強大而無敵的力量。《聖經》中的上帝充其量只能要求亞伯拉罕獻祭自己的兒子，我懷疑九十九歲的亞伯拉罕心中是否也有憤怒和不捨？也許他對於上帝的順從也包含了自己和兒子一起送死的決心，深信自己死後還能和兒子在天堂相聚？到最後，上帝畢竟下不了手，宣稱這一切只是為了考驗亞伯拉罕的決心，上帝因此也付出了代價，必須獻祭自己的兒子給全人類，這一次可不能假裝了。

年輕的時候看瓊瑤的愛情小說，對《我是一片雲》這個故事的印象特別深刻，因為男主角顧友嵐的母親對他的愛護就像是一張巨大無比的蜘蛛網，把他緊緊裹得透不過氣來，以至於犧牲了和女主角段宛露之間

的美好姻緣。所謂「死亡是現實和永恆的第一次接觸」,便在於永恆儘管美好虛幻,一旦碰到現實,便也會像撲入蛛網的飛蛾那樣再也得不到自由。死亡畢竟不是解脫,因為真實生活中的親情不捨。

——原載於 2010 年七月十三日

嘉莉，我的嘉莉

今天晚上在電視節目表上看見《嘉莉》(Carrie) 這部電影，是 2002 年版的，從午夜十二點半一直演到凌晨三點，讓我雖然心嚮往之，卻不得不忍痛放棄。這部電影的兩個版本（原版於 1976 年發行）我都看過，心中不禁浮現出許多往事來。

《嘉莉》雖然是恐怖小說名家史蒂芬・金 (Stephen King) 第一部獲得出版的小說，於 1974 年問世，我卻一直等到讀過這位作家的大部份作品之後才去看這本書。主要是因為書店裡這樣一本薄薄的小書賣的價錢竟然和其他厚重大書一樣昂貴，我當然得先買下其他作品。此外也因為這本書似乎很少有人在看完之後願意割捨，所以總是買不到二手書。（當然，還有一個可能的原因便是這本書很少有人會買，所以便也沒有成為二手書的機會了。）

我是在看完金的《談寫作》(On Writing) 之後，才真正想看《嘉莉》這本書的。金在書中提到寫《嘉莉》這本書的背景，並將之拿來和 1983 年出版的《克麗斯汀》(Christine) 相比較。他指出這兩本書都是以青少年孤獨寂寞的心理為出發點，在學校和家庭兩方面都不被接受，只好另外尋求宣洩管道。當年「霸凌」(bullying) 這個專有名詞當然不存在，但是這兩本書中的主角被同學們欺負嘲笑的經過細節，今日讀來還是怵目驚心，於是對兩位主角後來在心理和人格兩方面的劇烈轉變，似乎也可以有所體會和了解。

我覺得大部份（如果不是全部）的作家難得有機會把心中的話切實真確地說出來，雖然有了創作這個管道，卻還是得透過各種人物和情節來婉轉間接地表達出自己的看法，一本書不夠，再從不同的角度和層次來另外寫一本，直到把心中的情緒全部發洩出來為止。有的作家甚至就這樣寫了一生一世。

綜觀金的寫作生涯，許多作品都描述了兒童和青少年成長過程中鮮為人知的酸甜苦辣，除了《嘉莉》和《克麗斯汀》之外，還有讀者熟悉

的中短篇小說如〈憤怒〉(Rage)、〈納粹高徒〉(Apt Pupil)、〈長征〉(The Long Walk)、〈猴子〉(The Monkey)、〈屍體〉(The Body)、〈亞特蘭提斯之心〉(Hearts in Atlantis)、〈該隱站起來〉(Cain Rose Up)和〈圖書館警察〉(The Library Policeman)，以及長篇小說《牠》(It)、《傑若的遊戲》(Gerald's Game)和《捕夢網》(Dreamcatcher)等等。這些作品中普遍呈現一種成人無法了解的寂寞、迷惘、驚惶、苦澀，當然還有必須宣洩的憤怒，這是兒童和青少年無法受到了解的結果。

金本身的童年當然也有過類似的遭遇，他在作品中擅於描寫男孩子們長大的痛苦，像《嘉莉》和《傑若的遊戲》那種以女孩子們特有的心理為主題的作品，則幸運地有同樣身為作家的妻子可以提出見解和協助。從這些作品看起來，作家花了很久的時間才慢慢長大，逐漸能脫離童年時代的陰影，轉而敘寫成人、尤其是中年男人所必須面對的各種人生考驗。換另一個角度來看，也許作家從來沒有長大過，也永遠不會長大，因為即使在成人的世界裡也依然有童稚的恐懼，一個作家如果心中沒有純真的存在，便也失去了靈感的泉源。

在讀過金的許多作品之後，再來看《嘉莉》這本書，可以感受到新生作家的那股獨特的熱情和犀利，尖銳到可以令人疼痛的地步。新生作家在文字中都有一股霸氣，橫衝直撞，偶爾也會驕蠻，碰傷了人也不知道說聲對不起，完全沒有把讀者的感受放在眼裡。可就也因為這種霸氣，讓他們可以有勇氣把心中埋藏已久的感觸宣洩出來，就像南宋詩人楊萬里的那首絕句：「萬山不許一溪奔，攔得溪聲日夜喧，到得前頭山腳盡，堂堂溪水出前村。」如果沒有這種霸氣，作家的才智心血便會埋沒一生了。

那麼，有志於創作的人應該如何來鼓勵、培養這種霸氣呢？與其這樣問，不如探討每個人從小到大應該如何尋找適當的管道來保存和導引這種與生俱來的霸氣。與其循規蹈矩，不如別出心裁。與其走馬看花，不如天馬行空。與其人云亦云，不如胡言亂語、胡思亂想、胡說八道。與其沉默是金，不如一鳴驚人。

有時候，也許不長大也好。人一旦長大，曾經能「力拔山兮氣蓋

世」的心便老了。也許所謂「返老還童」的傳說，也許那些追求「青春之泉」的夢想，都是作家試圖重整霸氣的心念表現。也許真正的恐怖在於人儘管年輕，心卻是老的，甚至根本沒有經過童年。

——原載於 2010 年七月十六日

《部落格療法》

愛因為記憶而存在

　　英國國家廣播電台 (BBC) 製作的科幻電視影集《異世奇人》(Doctor Who) 最新的一季剛結束，全世界的觀眾卻還對最後兩集的劇情和相關概念津津樂道，所謂的「餘音繞樑」，大概就是這個意思。劇中的宇宙因故毀滅，就像電腦當機一樣，雖然經過再度開機 (reboot) 而產生了一個「平行宇宙」(Alternative Universe)，其中卻缺少幾個重要環節，就像文件檔案雖然復原 (recovered)，其中沒有存檔的資料卻都已經消失無蹤一樣。

　　如果一件事物從來沒有存在過，某人卻有相關的記憶和感情，那麼他或她確實可以把這件事物「透過記憶而使之存在」(remember it into existence)，不但賦予這件事物全新的生命和價值，也是對於自我舊日人生的肯定。這其中的關鍵在於這個人必須願意相信自己過去的那份執著，不因為現實壓力的逼迫而妥協。如果連自己都不願意堅持那極微小的一線希望，努力在記憶中搜索探尋，那麼已經失落的事物便會永遠失落，再也沒有重生的可能了。

　　也許這就是為什麼神話中潘朵拉的盒子（其實應該是個甕）裡只剩下「希望」存在的道理。我們摯愛的親朋好友雖然去世了，他們的生命卻能因為我們對他們的感情和記憶而永遠存在。在奧黛麗‧尼芬格 (Audrey Niffenegger) 的《時間旅人之妻》(Time Traveler's Wife) 這本書裡，二十八歲的亨利從來沒有遇見過二十歲的克萊兒，因為他要再過幾年才會回到過去而遇見六歲的她。然而從克萊兒的角度來看，亨利從童年時期開始便是她生命中最重要的人，她痴痴地等著他一次又一次地出現，和他分享成長過程中的喜怒哀樂，又看著他一次又一次地突然消失在空氣裡，自己無法追隨，更無從尋覓。這樣一種等待的苦，除了愛和記憶，也沒有其他的力量可以維繫吧。

　　《異世奇人》中的那對情侶，艾咪在潘朵拉的盒子（這次確實是個大盒子）裡存活了兩千年，洛伊也在盒子外不離不棄地守候了兩千年，

兩人最後終於結成連理，電視機前的觀眾也滿意地嘆了口氣，不斷重溫那股甜蜜的心痛感覺。我想起電影《空中危機》(Flightplan) 中身為母親的女主角因為丈夫的死去而痛不欲生，心神恍惚，帶著六歲的女兒和丈夫的棺材登上飛機，卻在一覺醒來之後失去了女兒的蹤影。周遭的所有人都賭咒發誓說從來沒有看見她的女兒，她本來就是一個人登機的，也許她已經神智瘋狂了，也許她根本就沒有過這個女兒？女主角瘋狂地在飛機上找尋任何一絲女兒可能存在的線索，試圖說服自己，也試圖保存自己最後的理性，最後一點全家快樂相聚的生活回憶。這樣一種追尋的苦，除了愛和記憶，也同樣是沒有其他的力量可以加以慰藉的。

也許你會問，如果自己不存在了，所有相關的愛和記憶是不是也會跟著消失？小說《我想念我自己》(Still Alice) 裡得了老人失憶症的愛麗絲不就是這樣嗎？電影《美麗心靈》(A Beautiful Mind) 中患有精神分裂症的約翰不也是這樣嗎？英國作家馬克・哈登 (Mark Haddon) 的第一本小說《深夜小狗神祕習題》(The Curious Incident of the Dog in the Night-time)，不但得了眾多著名的文學獎，更在 2004 年把「哈利波特」系列擠下暢銷排行榜冠軍寶座，書中的那個患有自閉症的數學天才克里斯多弗，不也是絮絮叨叨地一直想找出生命中所有與愛和記憶相關的真相？難道生理上一定要有缺陷，才能讓人在心靈和精神層次上終於能發覺、並且願意進一步發掘，生命中愛和記憶的美好？

我喜歡《空中危機》電影中的茱蒂・福斯特 (Judy Foster)，在一個看起來已經消失的跡象裡發現了生命中所有愛和記憶的真相。我喜歡《異世奇人》電視影集中那個等待的男孩 (the boy who waited)，傻里傻氣的笑容中是永恆不變的赤誠和信心。我喜歡《我想念我自己》裡的愛麗絲，雖然失去許多記憶，卻還保有愛，同時因為愛而存在，而能永遠活在當下。也許，愛雖然因為記憶而存在，只要擁有愛，失去記憶也是值得。也許，記憶之所以有價值，存在之所以重要，都因為有愛。

——原載於 2010 年七月二十一日

《部落格療法》

偷來的禮物（三之一）

　　這一系列三篇文章的標題出於兩本書：《偷來的幸福》和《戰爭的禮物》。老實說，這個標題是考慮很久之後才決定的，詳細原因請見下文。然而這雖然不是一個相當引人入勝的標題，總比「戰爭的幸福」、「幸福的戰爭」或「偷來的戰爭」要來得強吧。

　　《偷來的幸福》這本書日前在網路上已經有人介紹過了，正是因為看了有心人的書評，我才好奇地查了一下這本書的原名 The Kissing Gates 和作者 Mackenzie Ford。這一查之下，找到一大堆有趣的資料，還扯出一樁懸案。左思右想了許久，實在不知道應該從哪個角度來展現這些資訊，只好籠統地在這裡送作堆，請讀者見諒。

　　首先是《偷來的幸福》這本書的背景，也就是有名的第一次世界大戰耶誕節停戰協定 (The Christmas Truce)。時間是 1914 年，將近十萬名英國和德國的士兵在歐洲西方戰線 (West Front) 的壕溝裡進行殊死戰，從八月打到十二月底的耶誕節前夕，兩邊的士兵們都十分想家，這是西方人特有的「每逢佳節倍思親」。

　　十二月二十四日的耶誕夜，德國士兵們首先在比利時的伊佩爾 (Ypres) 地區用蠟燭裝飾壕溝和克難耶誕樹，然後開始唱耶誕聖歌（德文版），英國士兵們緊跟著也開始唱起聖歌（英文版），然後兩邊的人隔著戰場大喊大叫，互相祝對方耶誕快樂，這場仗到此當然也就打不下去了。士兵們紛紛從壕溝裡跑出來，互相交換耶誕禮物：一塊軍用口糧，一把煙草，一瓶用來在寒夜取暖的酒，一把隨身攜帶以慰思鄉寂寥的小口琴。有些人還把自己身上的軍裝鈕釦或鋼盔拿來送人，當然也被對方千恩萬謝地收下了。然後兩方人馬開始回收先前戰死沙場、卻因為烽火滿天而無法運載回來的同僚屍體，並且共同舉行了葬禮。

　　如今每到耶誕節，電視上都會播放法國於 2005 年根據這個歷史事件而拍攝的電影 Joyeux Noel（英文片名是 Merry Christmas，曾入圍 2006 年奧斯卡金像獎和金球獎的最佳外語片），使觀眾充份感受耶誕節帶來

的溫馨。據說在現實生活中，英方將領聽聞了這場私下進行的停戰，大發雷霆，命令今後再也不准有這樣的舉動。然而在接下來的 1915 和 1916 年，類似的耶誕節停戰事件都有發生，參與者除了英軍、德軍之外，還有來自法國和巴伐利亞的士兵，大家除了共同慶祝耶誕節之外，還舉辦足球賽。到了 2008 年，一座專門紀念這個感人的歷史事件的碑石在法國的佛靈罕 (Frelinghien) 地區設立，許多曾經親身參與停戰協定的各國士兵和他們的後人都來憑弔。

　　我在看上面提到的這部電影時，受到了很大的感動，深深覺得人類愛好和平的天性畢竟不能被殘忍而無人道的戰爭泯滅，這一系列的耶誕節停戰事件就是最好的證明。電影以英、法、德三種語言拍攝，其中有一幕是一位美麗的法國女郎為在場的所有士兵獻唱〈萬福瑪利亞〉(Ave Maria) 這首歌，歌聲清澈嘹亮，在寂靜空曠、積滿白雪的戰場上遠遠傳了開去，所有的士兵不管國籍和宗教背景如何，都把鋼盔和帽子除了下來，以手觸心，閉目在歌聲中想起了遠方自己親愛的家人朋友。

　　看完電影後，和好友討論劇情。我說，這個歷史事件真是太驚人了，大家在戰場上打得你死我活，一到耶誕節，居然都能相親相愛。

　　好友說，這話沒錯，但是更驚人的是，耶誕節一過，他們居然還能拾起武器，繼續打得你死我活，把耶誕節的和平喜樂精神都忘得一乾二淨。這第一次世界大戰，不是整整從 1914 年夏天打到 1918 年年底嘛！在東歐地區，戰爭還一直延續到 1922 年呢！

　　我一聽之下，什麼話都說不出來了。

——原載於 2010 年七月八日

《部落格療法》

偷來的禮物（三之二）

　　《偷來的禮物》這本書，英文原名是 The Kissing Gates，台灣的出版社在出書時似乎沒有注意檢查封面，把英文標題複數的 s 漏掉了，算是一大錯誤，後果也頗嚴重。詳情請見下文。

　　我第一次看到這個英文標題，不禁想到許多新人們喜歡用的婚紗照場景，兩人在一座綴滿鮮花綠葉的拱門下親吻，深深望進彼此的眼底，互相許諾一生一世的相知相守，很是甜蜜。後來查了一下字典，找到了 kissing gate 的真正意義，幸好當時沒有在喝茶，否則真的會一口直噴出來。

　　話說在牧場上，牧人們經常要進進出出，卻得想方設法防止牛羊從柵門偷溜出去，便發明了一種特殊的門欄，叫做 kissing gate。想像一個冰淇淋甜筒的形狀，一半是個圓弧形，另一半則是三角形，卻只有一邊是柵門。牧人們推開柵門走進圓弧形的部份，柵門便從三角形的一邊移到了另一邊，也就是從圓弧形的一端移到另一端，於是牧人們在走出圓弧形部份的時候就得拉開柵門，而不是像先前那樣用推的。如果是牛羊的話，就不會這麼聰明，就算推進了一邊的門，之後也不會有能力拉開另一邊的門。又因為這柵門總是開開關關，經常碰觸圓弧形的兩端，感覺起來好像偶爾從太太那裡可以得到的一個親吻似的，也許哪一個牧人某一天心血來潮，就這樣取了 kissing gate 這個好玩的名字吧！

　　（我在查這段資料的時候，感覺相當有趣，便告知一位從前在牧場上工作過的澳洲好友。好友的回答是，聽都沒聽過這種發明，而就算澳洲人真的會用上這種特殊柵門，也不會像英國人那樣給它取上一個像 kissing gate 那樣文謅謅、娘娘腔的名字！噴！）

　　言歸正傳。《偷來的幸福》這本歷史小說的男主角是 1914 年在歐洲西方戰線奮鬥過的英國士兵哈爾 (Hal)，在耶誕節前夕的停戰協定期間（The Christmas Truce，詳見前文）遇到一個德國士兵，對方給了他一位英國女子的照片，希望哈爾日後回到英國時，能幫忙傳達這個德國人

的愛意和思念。沒想到哈爾因為受傷而從戰場回到英國之後，果真找到了這位名叫珊珊 (Sam) 的女士，更愛上了她，於是一面展開追求，一面還得隱瞞戰場上的那個德國人給他的照片，鎮日被自己因為辜負德國人的信任而產生的內疚感折磨。

這確實是個好故事，作者瑪肯西・福特 (Mackenzie Ford) 以男主角的觀點敘述這整個三角戀愛事件的來龍去脈，其間更穿插了不少關於第一次世界大戰和當時西歐各國政經發展的史料，算是做了相當深度的研究。這本書有時候讀起來不免像是在上歷史課，偶爾更有中年男人絮絮叨叨的感覺，但是男主角對於戀愛的執著、對於人性希望的堅持、以及對於內心隱密的探討和逆來順受，卻也實在令讀者欽佩。

至於上文為什麼說，台灣的出版社在出這本書時遺漏了英文標題的複數 s，竟然會有嚴重的後果呢？這是因為全世界標題為 The Kissing Gates（有複數）的歷史小說只有一本，也就是讀者現在看到的這本《偷來的幸福》，然而標題為 The Kissing Gate（無複數）的文學作品卻有兩本，且兩本都是羅曼史小說（或所謂的「愛情小說」）。第一本 The Kissing Gate 由英國作家潘蜜拉・海恩斯 (Pamela Haines) 於 1982 年出版，描述兩個豪門家族之間的愛怨情仇，家族甲的領導人乙的幼子丙被貧女丁從一場意外中拯救出來，貧女丁因此而和家族領導人乙互相愛戀，卻因為地位懸殊而不能結合。貧女丁後來嫁入家族戊，領養的女兒己卻愛上家族甲的現任領導人丙，也就是當年家族領導人乙的那個被拯救的幼子，兩個家族的多年恩怨因此而全部掀出來。標準的愛情小說式糾結纏綿的劇情。

第二本 The Kissing Gate 由英國作家費歐娜・卡爾 (Fiona Carr) 於 2004 年出版，描述維多利亞時期的鄉村地主甲和貧農村女乙之間長達幾十年的戀情，兩人年幼時便在農場上的 kissing gate 旁互吻定情，長大之後卻因為彼此社會地位的懸殊差異而被迫分手。甲後來被迫結了婚，卻選擇四處浪蕩，多年之後歸來，發現太太已死，留下六個兒子（！）給自己撫養，無可奈何之下只好請如今已經是專任教師的乙來當家教，兩人想起當年的定情吻，都有意復合，沒想到家族中卻有其他人想要破壞

這樁好事。同樣的,也是標準的愛情小說式糾結纏綿的劇情。

　　由此可見,一本英文作品的中譯本,如果要包括原文書名,尤其是在書的封面上堂而皇之地印出來,則不管是編輯或翻譯都得格外小心注意,不管是少了或多了一個英文字母,都茲事體大,雖然一般中文讀者根本不會在意,有心人看了卻覺得很突兀,也容易產生誤解。像《偷來的幸福》這本歷史小說,雖然寫的也是愛情,如果只因為一個英文字母的漏失而被誤認為單純的羅曼史小說或愛情小說,那就不值得了。

——原載於 2010 年七月九日

偷來的禮物（三之三）

對於《偷來的幸福》(The Kissing Gates) 這本小說，居然能牽扯出這麼多相關資訊，連我自己也感到驚訝。當初純粹是因為對英文書名感到好奇，這才開始網路上的一連串追蹤，除了書名的來源、情節的來龍去脈、乃至於其他相似和相關的文學作品之外，我覺得頗有趣的，也包括了作者 Mackenzie Ford 這個人。

我以前讀書的時候最喜歡一氣呵成，什麼前言後語、引文註釋等等的相關內容都跳過去，更不用說是作者介紹了。直到最近幾年，我才慢慢養成了解作者的習慣，他或她在一本書出版的之前和之後寫過什麼作品，創作的背景和心路歷程如何，期間又受過什麼樣的內在或外部轉變的影響，等等。我覺得這一方面固然是因為書讀到一定的程度，便會想去了解創作的方法和技巧，因此而對作者本身的人生經歷產生興趣。另一方面也是因為這幾年來有越來越多的作者和出版商，透過網路提供了大量關於文學作品的各種資訊，就像越來越多的影碟中除了電影本身，也包括許多拍攝花絮和導演說明一樣，目的在於讓讀者和觀眾了解藝術作品形成的經過和內涵，因而對作品本身有更進一步的了解。我覺得這是一件好事。

至於 Mackenzie Ford 這位作者，中文翻譯成「瑪肯西‧福特」，一看就知道是個男女皆可適用的名字，也表示出版社和翻譯並不知道這作者究竟是男是女。在網路上查了許久，各大書店對於作者的介紹都只有簡單的一句話：「Mackenzie Ford 是一位目前住在倫敦、相當有名且受尊敬的歷史學家的筆名」，這位作者之前還創作過另外兩本書，分別是《雲後日出》(The Clouds beneath the Sun) 和《戰爭的禮物》(Gifts of War)。除此之外，就沒有其他細節了。

（閒話一句：英文裡的「筆名」這個詞，有人用 pen name，也有人用 pseudonym 這個既難拼又難記的字。我還在網路上查到了 nom de plume 這個字，是有人用來形容 Mackenzie Ford 這位作家的，意思是

literary double,也就是「文學分身」的意思。看起來這位「相當有名且受尊敬的歷史學家」確實在用字上也不同凡響。)

所謂「眾裡尋他千百度,那人卻在燈火闌珊處」,我後來的確找到了這 Mackenzie Ford 是何許人也,他卻一點也不闌珊,確實是相當有名且受尊敬的。彼得・華特森 (Peter Watson) 於 1943 年出生於倫敦,曾經在英國和義大利受教,他曾是英國泰晤士報 (The Times) 駐紐約的特派員,也曾經為觀察家報 (The Observer)、紐約時報 (New York Times) 等著名大報寫過稿,報導過許多關於骨董藝術作品拍賣或失竊的新聞,後來都寫成了書或拍成記錄片。

然而華特森之所以出名,不是因為他作為新聞記者的背景,而是在於他作為一位歷史學家的成就。1997 年,華特森成為劍橋大學麥克當諾考古研究學院 (McDonald Institute for Archaeological Research, Cambridge University) 的研究學者,至今一共出版了十三本學術專著,都和「概念的歷史」(history of ideas) 有關。這些作品中比較有名的包括了 1978 年出版的《心靈戰爭:軍方對於心理學的使用和濫用》(War on the Mind: The Military Uses and Abuses of Psychology)、2002 年出版的《現代心靈:二十世紀的智識歷史》(The Modern Mind: An Intellectual History of the 20th Century)、以及 2005 年出版的《概念:一段思想和發明的歷史,從火到佛洛伊德》(Ideas: A History of Thought and Invention, from Fire to Freud)。

所謂「概念的歷史」,研究的是概念 (ideas) 在歷史中的表達、保存和轉變,屬於「智識歷史」(intellectual history) 研究的一種。這方面的研究通常牽涉到各種不同的學科,包括哲學史、科學史和文學史,把單獨的概念視為一個單項,就像積木一樣,雖然單塊的積木不會產生變化,隨著越來越多的積木透過各式各樣的組合而堆成各種二度或三度空間的型態,單獨的概念也會透過不同的組合排列而產生新的意義和延伸內涵,在不同的歷史世代中有不同的表現方式和影響。所謂「概念歷史學家」的任務,就在於找出這些單項概念的產生背景和歷史演變過程,以及其多采多姿的展現方式。

隨便在網路版的《概念歷史學刊》(Journal of the History of Ideas) 裡找到了一些例子,都是相當有趣的。比方說,從創作《時光機器》(The Time Machine) 的 H.G. 威爾斯 (Herbert George Wells) 以降,所謂「瘋狂科學家」(Mad Scientist) 的形象在古今中外的無數文學作品中有些什麼體現和轉變?路易斯・卡羅爾 (Lewis Carroll) 創作的《愛麗絲夢遊仙境》(Alice's Adventures in Wonderland),從當初出版到二十一世紀的今天,經歷過多少種詮釋、解讀、顛覆和改造?「哈姆雷特」(Hamlet) 這個名字曾經有過什麼涵義?「吸血鬼」(Vampire) 這個詞的歷史又是什麼?最有趣的是今年四月出的這一期,其中包括一篇探討「上海研究」(Shanghai Studies) 這門學科的論文。其指出,從 1980 年代以來,世界各國的學者開始對現代上海的歷史產生了研究興趣,不管是美國的加州柏克萊大學和康乃爾大學,還是日本、法國和德國的學者,都開始研究上海這個城市的文化和智識歷史,這是為什麼呢?三十年來,這門學科本身又有什麼成長和轉變?

　　由上面幾個例子可知,「概念歷史」確實是一門有趣的學科,而尤其好玩的是,華特森作為一位歷史學家,閒來無事時寫寫小說,還要這樣嚴厲地不把自己的真實身份透露出來。這是因為他怕自己寫不好而被別人笑嗎?還是因為他怕自己作為歷史學者的名聲會影響到讀者對他的小說的看法?也許他確實想把「學者」和「小說家」這兩種身份完全隔絕?也許他本身對於這兩種身份可能在讀者心中產生的相關概念已經有些許了解,因此出於專業考慮,乾脆不將之混合?這些問題的答案,都只能由華特森提供了。

　　最後值得一提的是,我這一系列三篇文章的標題,之所以出於華特森的《偷來的幸福》(The Kissing Gates) 和《戰爭的禮物》(Gifts of War) 兩本書,主要還是因為這兩本歷史小說的內容情節幾乎是完全一樣的,兩者都以 1914 年耶誕節停戰協定為根基,透過返鄉士兵的眼光來觀察當時英國社會和世界歷史的轉變。兩者之間唯一的重大差別在於《偷來的幸福》強調男主角哈爾心中的愛戀和隱密,《戰爭的禮物》卻牽涉到諜報工作和軍方內部的運作。

《部落格療法》

　　網路上有一位讀者在評論《偷來的禮物》這本書時,特別指出他雖然不知道作者究竟是誰,卻能明顯看出作者是個歷史學家,或是對歷史有相當研究的人,否則書中情節不會參雜那麼多詳實可靠的歷史資料,書中的文字也不會那麼專業性和學術化。這樣的評論顯然有失偏頗(因為一位有能力的作家確實可以透過紮實的研究而在作品中呈現相當的歷史素養),卻也有其銳利之處。我想像華特森在創作他的歷史小說時,究竟是以歷史學家、還是小說家的角度出發?他對自己的期許是什麼?又想透過創作小說而達成什麼樣的成就?小說和歷史,在某種程度上是不是根本就一樣?同樣地,這些問題的答案,也只能由華特森來提供了。

——原載於 2010 年七月十日

也是 Ripley

最近台灣的翻譯文壇上吹起了一陣「雷普利」風，再度把讀者的注意力導向派翠西亞・海史密斯 (Patricia Highsmith) 的五本以湯姆・雷普利 (Tom Ripley) 為主角的犯罪小說，也就是「雷普利系列」(The Ripliad)。

我自己沒有看過這一系列小說，唯一欣賞過的只有 1999 年發行、由著名導演安東尼・明格拉 (Anthony Minghella) 所拍攝的《天才雷普利》(The Talented Mr. Ripley) 這部電影，由海史密斯於 1995 年出版的同名小說改編而成。這確實是一部好電影，看完之後卻令人困擾不安，畢竟每個人都曾經夢想過成為另外一個人，過著一種完全不同的生活，只是雷普利有這個膽量去著手進行，又僥倖成功而已。

英文的 Ripley 是一個極普通的人名和地名，所以我雖然對「雷普利」一竅不通，卻也知道另外兩個「雷普莉」，且在此記錄，希望熱愛「雷普利」的各界讀者不要罵我東施效顰，褻瀆神聖。對我而言，縱然能超凡入聖，當個俗氣的普通人也是好的。

我所知道的第一個「雷普莉」是《異形》(Alien) 系列電影中的艾倫・雷普莉 (Ellen Ripley)，由雪歌妮・薇佛 (Sigourney Weaver) 飾演。這個角色於 1993 年被美國電影學會 (American Film Institute) 列入過去一百年來「最著名的英雄和壞蛋」排行榜 (AFI's 100 Years... 100 Heroes and Villains)，在五十個電影英雄人物中排行第八，也是榜上的第二位女英雄。（排首位的女英雄是電影《沉默的羔羊》(The Silence of the Lambs) 和《人魔》(Hannibal) 中的聯邦調查局探員克蕾瑞思・斯達林 (Clarice Starling)。）尤其有意義的是，雷普莉是有史以來的科幻作品中第一位以女性身份單獨存在的英雄，完全不需要借助周遭的男性、或和男性之間的關係而突顯自己的特色。我不知道這是否就是讓我對雷普莉特別著迷的原因，但是《異形》系列四部電影中的她，實在是帥斃了。

我特別喜歡《異形》第二集（Aliens，1986 年發行），年輕的時候

曾經一口氣看了十四遍,各個主角之間的對話、動作、乃至於表情,簡直都可以倒背如流了。我最欣賞雷普莉搭乘電梯到建築頂上去拯救小女孩紐特 (Newt) 的那一段,在短短的幾分鐘裡,她拿寬膠帶把重型機槍綁在火焰噴射器上,把頭髮紮起來,身上重疊交叉掛了一大堆彈藥,然後閉著眼睛深吸了幾口氣,再度張開眼睛的時候,背景音樂整個停了,她鎮定地拿著巨大的武器走出電梯,在蒸氣瀰漫中小心地搜查建築各處,同時不忘隨時留下信號彈,以便指引來路。

　　我也愛這部電影的結尾,雷普莉穿上重型機械工作服大戰外星怪物,兩隻油壓控制的機械手臂乾脆俐落卻又驚險萬分地抵擋各種攻擊,有如自我精神和毅力的延伸。這一幕後來成為號稱「英國國寶」的《超級無敵掌門狗》(Wallace & Gromit) 卡通系列中,《麵包房生死決戰》(A Matter of Loaf and Death,2008 年發行)這部短片的靈感,只不過雷普莉換成了楚楚可憐的雌貴賓狗,外星生物則變成了因為擔任麵包廣告明星而變胖、因此下定決心毀滅天底下所有麵包師傅的過氣女演員。我看到這一幕時不禁笑了出來,卻也有些鄉愁般的心酸,感覺這世間當真是時移勢轉,如今雷普莉的身影何在?我自己的青春也老去了。

　　最近在《阿凡達》(Avatar,2009 年發行)電影中再度看到薇佛的身影,這回演的是一位科學家。我的感覺是,雷普莉如果老了,在各種千奇百幻的科技事業中應該也會選擇擔任這樣一個角色吧!可惜雷普莉在《異形》第三集(Alien 3,1992 年發行)中為了消滅外星生物而自我犧牲,雖然科學家在《異形》第四集(Alien Resurrection,或譯為「浴火重生」,1997 年發行)中製造出一個雷普莉的複製版本,真正的女英雄卻已經不復存在了。

　　我所知道的第二個「雷普莉」其實也沾了《異形》系列電影的榮光。這是史蒂芬・金的小說《捕夢網》(Dreamcatcher,2001 年出版)中的一種外星生物,因為像雷普莉那樣難纏而得名。(小說中的美國將軍說,這外星生物「他媽的老是打不死,就像《異形》電影中的那個女人一樣」。This disease is one tough mother to beat, just like that Alien chick.)我喜歡成形後的這種外星生物,不但具有心電感應的能力,更有

絕佳的攻擊和防禦本領。當然，小說中的外星生物最後總是敵不過人類的聰明才智，但是給外星生物取了一個和專門對抗外星生物的女英雄同樣的名字，應該也是一種對於「雷普莉」的致敬和懷念吧。

－－原載於 2010 年七月二十三日

《部落格療法》

不是最美的美女

最近看了一部場景設在美國西部的電影，其中扮演小鎮警長的那位演員個子又高又壯，看起來十分面熟，卻一下子叫不出名字來。電影結束之後，上網查了資料，才發現這位演員是朗‧培曼 (Ron Perlman)，我之所以認不出他來，正是因為以往看到的他都是經過層層專業化妝的，還戴了毛茸茸的假髮，整個人看起來就像一隻大獅子一樣。

讀者猜得不錯，這位培曼正是當年極受歡迎的美國電視影集《美女與野獸》（Beauty and the Beast，播映時間為 1987 年至 1990 年）中的那位外貌驚人而內在深邃神秘的文森 (Vincent)，一個幽居在紐約地下道世界的半人半獸的怪物，談吐典雅，性情憂鬱卻溫和，在因緣際會的巧合下認識了擔任地區檢察官助理的凱瑟琳 (Catherine)，兩人發展出一段戀情，地下的神秘世界也因此和地上的車水馬龍產生了交集。文森可以感受到凱瑟琳的情緒轉變，因此對她而言是一位保護者；凱瑟琳也能欣賞並尊崇文森的內在美，並且成為他最知心也最信任的伴侶。

《美女與野獸》讓我首次體會到英詩的優美典雅，幻想美國都會生活的繁華刺激，眷戀地下世界的古意盎然，人與人之間可以存在卻極少發生的互信互重，知音難尋的悵惘和感懷。因為這部電視影集，我首次讀到了雪萊 (Percy Bysshe Shelley) 和康明思 (e.e. cummings) 的文句，了解到詩和音樂原來可以有如此天衣無縫的結合，配上文森低沉沙啞的朗讀嗓音，他和凱瑟琳相知相許的各種場景，不由得深深愛上英語。

然而在這部電視影集中，我最欣賞的角色還是凱瑟琳，因為她並不算美，卻有一股獨特而深深吸引人的氣質。傳統「美女與野獸」的故事都是野獸因為被美女愛上而能破除魔法，回返人身，而這部影集卻打破俗套，把焦點集中在凱瑟琳的人生如何受到文森和其他地下世界角色的感化與改變。影集剛開始的凱瑟琳是個嬌生慣養的富家千金，因為被人攻擊而在瀕死邊緣受到了文森的救援和照顧，此後的她不但苦學防身術，性格也變得獨立堅強，志願脫離家庭的保護而加入司法執法的行

列,為打擊犯罪而努力。

也許正因為這樣的一種詮釋,飾演凱瑟琳的琳達‧漢彌頓 (Linda Hamilton) 在 1984 年演出《魔鬼終結者》第一集 (Terminator) 後,又能受到大導演詹姆斯‧卡梅隆 (James Cameron) 的青睞,順利出演 1991 年發行的《魔鬼終結者:審判日》(Terminator 2: Judgement Day)。在這兩部電影中,漢彌頓飾演的莎拉‧康納 (Sarah Connor) 這個角色其實和《美女與野獸》中的凱瑟琳很像,兩者都經歷了從柔順到堅強的巨大轉變,從依賴男性拯救的弱者,轉型到可以獨立生存、乃至於並肩和男性奮戰的女戰士。據說漢彌頓在演出《魔鬼終結者》第二集之前曾經進行了相當的體魄鍛鍊,她在這部電影中的堅忍俐落也確實令人耳目一新。

莎拉‧康納的故事後來被拍成一部電視影集 Terminator: The Sarah Connor Chronicles,台灣的譯名是「魔鬼終結者之莎拉康納戰記」,也有人翻譯成「終結者外傳」。由於漢彌頓不願意繼續飾演康納這個角色,一個名叫雷娜‧赫狄 (Lena Headey) 的英國女演員便接下了這項任務,扮演一位獨自撫養兒子長大的單親媽媽,像天底下所有的母親一樣,時時因為世間人事物的千變萬化、險處環生而感到恐懼、憂心、緊張、無助、乃至於憤怒。至於所謂的「拯救世界」,所謂的保護、教育兒子以使他成為未來人類的領袖,都只不過是這個母親的次要任務,畢竟做媽媽的只要子女平安順利、幸福快樂就好了,誰會在乎他們將來能不能成為民族救星呢。

我想像身為兒子的約翰‧康納 (John Connor),從小到大被母親培養各種戰鬥技巧和策略,以一個領袖的身份被栽培著,像一株特別的植物,又不能在溫室裡順利長大,所有的挫折艱困都應當是對他的磨鍊,包括一位特別嚴格而沉默寡言的母親,無時無刻不在他身上看見人類未來即將受到的苦難。約翰曾經怨恨過他的母親,卻也慢慢能體會她的苦楚,那嬌小而肌肉結實的身軀擔負著多麼重大的任務,卻從來沒有人能和她分擔。

也許約翰有時候會希望自己是個普通人,有個平凡的母親。也許未來的他在把自己的父親送到過去以拯救母親、進而培養她成為一個堅決

百忍的女戰士時,多少也會以為這是他能報答母親恩惠的一種方式吧。母親在兒子眼中也許不是最美麗的,反之亦然,但是他們對於彼此的期許卻是最深重的。對於莎拉・康納而言,兒子又何嘗不是一個身兼嚴肅和慈愛雙重角色的園丁。所謂的孟母三遷,岳母在兒子背上刺下「精忠報國」四個大字,如果把這兩位傳統中國母親搬到「魔鬼終結者」的世界裡,只怕她們還會比莎拉更勇猛呢。

——原載於 2010 年七月二十七日

愛的十個條件

《愛的十個條件》(Ten Conditions of Love) 這部記錄片在電視上播出的時候，我正在翻譯一系列和伊斯蘭教在中國的發展有關的學術論文，因此對片中的主人翁，新疆人權運動的領導人熱比婭・卡迪爾 (Rebiya Kadeer) 產生了濃厚的興趣。這部記錄片由來自澳洲墨爾本市的傑夫・丹尼爾斯 (Jeff Daniels) 花了七年的時間完成，他是一位高中老師，只能利用寒暑假和其他的課餘時間來進行影片的拍攝製作。儘管丹尼爾斯的目的在於單純地記錄熱比婭生命中的悲歡喜樂，中國對於這部記錄片的反應卻為其進行了最好的政治宣傳。

熱比婭出生於1947年，屬於維吾爾族。她原本是新疆的一個貧婦，卻憑著自己的巧手慧心建立了一個小小的事業，把自己縫製的衣服和鞋子以低價賣給有需要的人，以養活丈夫和自己的六個孩子。她在文化大革命期間被冠以「投機倒把」的罪名而加以批鬥，被迫和丈夫離婚。文革之後，她於1976年開了一間洗衣房，漸漸地積少成多，運用商業頭腦來擴展自己的事業，並且建立了新疆的第一家個體市場和商業大樓，一度還是中國排名前五位的富豪。她用自己的經歷做例子，鼓勵其他的維吾爾女性發揮自己的潛力和技能，呼籲她們擺脫傳統受控於婚姻和種族隔閡的限制，做自己的主人，建立自己的事業。

由於熱比婭在維吾爾族人之間的聲望，她於1993年當選第八屆中國人民政治協商會議委員，又於1995年當選中國婦女代表，出席了在北京舉行的世界婦女大會。中國政府希望她能在來自世界各國的代表面前大力讚揚中國改革新疆的成就，她卻在大會發表演說時強調了維吾爾族人多年以來受到的各種不平等待遇，以及他們追求自力自主的希望和決心。與此同時，熱比婭的第二任丈夫因為抗議中國政府對於新疆的管制而被迫逃往美國，熱比婭拒絕發表反對丈夫的聲明，因此被剝除了政協委員的資格，並且受到中國政府的監視。

到了1999年，熱比婭因為把關於新疆獨立運動的剪報寄給身在美國

的丈夫、同時試圖和當時正在新疆訪問的美國國會議員助手會面，而被中國政府逮捕，以「向境外組織非法提供國家情報」的罪名被判入獄八年。她在獄中多次被單獨監禁，體力和心力都受到相當的虐待，最後終於生了重病，於 2005 年以「保外就醫」的名義被釋放而避難美國。在她出獄之前，中國政府曾經強迫她公開發誓，即便在美國也得遵守中國法律，不做出任何違背國家政策的言行。沒想到熱比婭到了美國之後卻更加積極地支持新疆的人權運動，除了成立「國際維吾爾人權與民主基金會」(International Uyghur Human Rights and Democracy Foundation)，更擔任「美國維吾爾協會」(Uyghur American Association) 和「世界維吾爾代表大會」(World Uyghur Congress) 的主席。她曾經三度獲得諾貝爾和平獎提名，每次都遭到中國政府的激烈反對。

《愛的十個條件》這部記錄片的重心是熱比婭在美國的生活，除了報導她每天參與「國際維吾爾人權與民主基金會」運作和主持的活動之外，也透過她的家人、同事、朋友等角度，深入觀察這位奇女子的性格和處事態度。熱比婭對於民主人權的態度是剛毅、甚至可以說是霸道的，絕對不肯在任何細節上妥協，即便是面對基金會的贊助者，或是同情中國人權發展的美國國會議員，她的態度也是直接而開誠布公，不參雜一絲虛偽、討好。基金會的職員對熱比婭而言是忠誠的部下，願意每天和她一起赴湯蹈火，累得半死也心甘情願。她熱情奉獻的無私人格是他們最好的座標。

然而熱比婭的家人卻有不同的態度，儘管第二任丈夫，斯迪克・柔孜 (Sidik Rouzi) 一直是她最堅貞的支持者和戰友。當初斯迪克在擔任大學副教授的時候提倡新疆人權，因此被中國當局流放到烏魯木齊進行勞改，熱比婭確知他為人民奮鬥的高尚情操，便從阿克蘇趕到烏魯木齊向他求婚，並提出了夫妻兩人共同為新疆人民前途奮鬥的十個條件，使斯迪克震驚不已。熱比婭在回憶起這段往事的時候，表情除了靦腆嬌柔之外，更有掩藏不住的自信。「我知道自己沒有看錯人，他永遠也不會讓我失望。何況，我年輕的時候是很美麗的，我知道他非愛上我不可！」

正是這份信心,使兩人並肩作戰。斯迪克在逃亡美國之後,還是心心念念在妻子身上,想到她當初在牢獄中的生不如死,他的眼睛紅了起來。這是一個不多話的男人,他看著妻子的眼光,正如他願意一生一世為她的事業奉獻的決心那樣,堅忍不移。

　　儘管如此,熱比婭前往美國以後,她和第一任丈夫所生的六個子女卻在新疆頻頻遭到中國當局的威脅和侮蔑,兩個兒子以「涉嫌暴力抗法罪」被判刑、拘留,女兒也被軟禁,更有多位親友遭到監控。中國政府指控熱比婭結合「東土耳其斯坦伊斯蘭運動」的恐怖份子,在新疆內外組織暴亂活動,例如2007年九月的「烏魯木齊七‧五事件」,導致至少一百九十七人死亡,超過一千七百人受傷,中國認為熱比婭是幕後策劃者,她卻堅決否認。

　　這次事件之後,熱比婭在新疆的十二位家人和親友寫了一封公開信給她,要求她「放棄煽動新疆暴力事件」,同時宣稱「我們希望所有的維吾爾族兄弟們不要相信(熱比婭)的話,我們各族群眾要團結和睦相處,為建設安定、美麗、幸福的新疆進自己的一分力」。面對這些指控和誤解,熱比婭十分傷心,然而她為維吾爾族人權自由奮鬥的心志卻也更加堅定,除了公開反駁這封公開信是她的家人受到中國政府威逼利誘的結果,也直接了當地表示了自己永不放棄和平抗爭的決心;儘管這代表了她將從此和新疆的家人決裂,她也毫不後悔。在發表這段聲明之後,熱比婭在私人場合中整個崩潰了,泣不成聲。為了自己所奉獻的這份志業,她所付出的代價是多麼慘烈啊!

　　記錄片的結尾播出了一場流亡美國的維吾爾族人聚會,大家慷慨激昂地討論著各種可行的方向和對策,然後便透過傳統的歡宴方式凝聚彼此的信心和互助力量,每個人大口喝酒,大塊吃肉,唱起傳統的民歌,在其實並不寬敞的廳堂之間跳起熱情澎湃的民族舞蹈。這期間的熱比婭是眾人注目的焦點,她穿著維吾爾族的傳統服飾,梳了兩條長辮子,儼然是一個普通的新疆人,然而在振臂高呼民主人權口號的時候,她看起來又是一個勇往直前的民主鬥士。

　　然而記錄片的開頭,卻是熱比婭的女兒在紐約經營一家小服飾店的

情景，她每天為了生存餬口已經差點忙不過來，還得配合母親的各種募款餐會和演講，甚至把自己的公寓捐出來舉辦活動，除了勞心勞力之外，也有著深深的無奈。對女兒而言，母親一生的志業可能到頭來只是一場鏡花水月，再怎麼熱情奉獻，贏得再多人的讚許和支持，對於遙遠的新疆可能都沒有任何幫助，只會對留在中國的多位親友家人造成傷害。女兒不明白母親如何能割捨中國的親情，更不了解母親為什麼要讓原本已經夠艱難的異鄉生活充滿挫折和否定。

記錄片中的熱比婭到了女兒家裡，坐在沙發上休息，孫子在房間裡玩電腦遊戲，對於外婆的民主人權事業一點也不了解，也不認為自己需要關心。熱比婭累了，在沙發上躺了下來，呼喚孫子給外婆拿條毛毯來蓋，在美國出生成長的孫子說著一口流利的英語，捧了一條花花綠綠的新疆毛毯給外婆蓋上了，自己又回到電腦遊戲桌前。沙發上的熱比婭睡得很熟，頭上的傳統維吾爾族小帽歪在一旁，身上的毛毯艷麗的顏色對照著熱比婭的蒼蒼白髮，顯得無比淒涼。在這裡沉睡的，只是一個離鄉背井的老婦人罷了。她在夢中，是不是也會看到自己的故鄉？

後記之一：《愛的十個條件》原本預定在 2009 年的墨爾本國際電影節 (Melbourne International Film Festival) 中首映，並邀請熱比婭到場致詞，然而中國政府卻透過其駐墨爾本的使館要求主辦單位不准放映這部記錄片，更不准讓熱比婭出席。在主辦單位拒絕配合的情況下，七部來自中國的影片立刻退出電影節，而電影節本身的網站也遭到駭客攻擊，把所有關於電影節的資訊都換成中國的國旗和反對熱比婭的標語，甚至癱瘓了電影節的網上售票系統。中國外交部發言人大聲疾呼「中國反對任何國家為熱比婭提供從事反華分裂活動的舞台」，然而製作這部記錄片的丹尼爾斯卻認為：「中國政府這一連串大驚小怪的動作正是為這部記錄片進行最好的宣傳，讓全世界的觀眾都能看到整個故事的另外一面。

後記之二：《愛的十個條件》終究於 2009 年八月八日在墨爾本國際

電影節中順利首映，澳洲政府也提供了熱比婭的入境簽證，並不屈服於來自中國政府的壓力；熱比婭得以在電影節中致詞，並於記錄片放映後回答在場一千五百位觀眾和媒體代表的問題。當時中國的副外交部長立刻召見澳洲駐華大使，提出嚴正交涉和強烈不滿，電影節的負責人和丹尼爾斯本人也遭到死亡威脅，墨爾本市長更面對來自中國使館的恐嚇，聲稱如果市長不插手撤銷這部記錄片在墨爾本市政廳的放映，中國的天津將結束和墨爾本長達二十九年的姐妹城市關係。

後記之三：在台灣，高雄市的電影圖書館原本打算於2009年十月的高雄電影節期間播放《愛的十個條件》，卻引起大陸觀光客集體退房的抗議潮，高雄市觀光協會也聲稱此舉將嚴重影響本地觀光業者的生計，中國的國台辦更發表聲明表示強烈反對。最後，主辦單位宣佈改在電影節開始前非正式地放映這部記錄片。

後記之四：台灣的內政部於2009年九月表示，「世界維吾爾代表大會」的秘書長多里坤・艾沙 (Dolkun Isa) 名列國際刑警組織 (International Criminal Police Organization, or Interpol) 所通令發佈的重要國際恐怖組織人物名單，基於國家利益考量，禁止身為大會主席的熱比婭入境台灣。此舉也獲得行政院的支持。然而國際刑警組織聲明，其從未通緝「世界維吾爾代表大會」的秘書長艾沙。

——原載於2010年八月五日

《部落格療法》

毛澤東時代的最後舞者

在當今眾多的海外華人作家群、特別是來自中國的作家之中，李存信其實算是後起之秀，但是他的自傳《毛澤東時代的最後舞者》（Mao's Last Dancer，英文原著於 2003 年出版）卻是一本傑出的作品，極為明顯地呈現出和其他海外華人文學作品的不同。

李存信原本是個貧窮的農家小孩，生命中唯一豐富的便是家人之間的深切關愛。他在十一歲的時候透過一次機遇入選到文化大革命期間由江青主導的北京舞蹈學院作學生，從此走上芭蕾舞的道路，甚至於 1979 年、十八歲的時候，成為中國和美國建交之後第一批到美國的藝術留學生。在那之前，他曾經透過中國和蘇聯的關係而到歐洲各地演出，而在那之後，特別是他在美國選擇投奔自由之後，他在全球各地的名聲節節高漲，更用自己的努力和才幹贏得所有觀眾和論者的肯定。《紐約時報》(The New York Times) 就曾經推選他為世界十大芭蕾舞巨星之一。

李存信原本居住在美國，妻子則是來自澳洲的著名舞者瑪莉・麥肯德里 (Mary McKendry)，由於他們的大女兒天生失聰，全家便搬到澳洲，讓女兒接受澳洲有名的科克隆「人工耳」(cochlear implant) 植入手術。李存信在三十八歲的時候正式退休，之後除了繼續在澳洲芭蕾舞團 (Australian Ballet) 擔任技術指導以外，更自修學習股票運作，如今是墨爾本市一家大型股票公司的資深經理。他一直想把自己的一生經歷寫出來，後來受到著名兒童繪本作家葛拉翰・貝斯 (Graeme Base) 的鼓勵，便寫出了《毛澤東時代的最後舞者》這本書。

我在讀這本書的時候，當然也像無數澳洲讀者那樣受到了深切感動。這本書在澳洲蟬聯暢銷排行榜達十八個月之久，再版三十二次，銷售到全球二十多個國家，更榮獲了澳洲年度好書 (Australian Book of the Year) 和美國克里斯多福獎 (Christopher Award) 等多項榮譽。如今李存信是澳洲最著名的勵志演講人之一，他的網站列出了成千上百個機關團體、公私立組織、乃至於個人集會，都曾經邀請他發表演說，聽他用平

實誠懇的口音訴說自己從一個貧農之子轉變成世界巨星的過程。

李存信最為人知、卻也最常被要求重覆說明的一段人生經歷，便是自己如何在離鄉背井十年之後，某次在美國演出，竟然在觀眾席上看到了多少年不見、為他吃盡苦頭、歷盡滄桑、卻始終沒有放棄這個兒子的年老父母。當他說到這一段的時候，就像文字的魔力足以震撼人心一樣，沒有人不感動得掉下淚來。這便是這本書之所以能跨越文化而受到無數讀者熱愛的最重要原因：作者對於家庭的眷戀，也同樣是他一生中能有勇氣、有韌性持續奮鬥的動力泉源，書中對於父母和手足之間深厚情感的描寫，和任何政權或國界都沒有關聯；如果說是一種具有宇宙性的共識，只怕也不為過。

這本書之所以能勝出其他海外華人作品的第二個原因，便是李存信對於政治幾乎不加以任何著墨。他唯一批判共產政權倒行逆施的少數片段，只是為自己在北京舞蹈學院的幾位對他有深厚影響的老師伸冤；而就算是他在中國駐美大使館遭到軟禁的那二十一個小時中，他除了深切描述自己的驚慌恐懼、眾多友人的鼎力相助、乃至於中美雙方高階層政治運作和妥協的過程以外，更設身處地地想像了中國使館當局負責人的心態，以及他們受到高層操控威脅的無奈。這本書因此而和許多來自中國而揚名海外的文學作品不同，對於中國沒有批判意味，對於西方（特別是美國）也沒有刻意的讚許。李存信的筆下只有人，而且是普通人，不管是在中國、美國或其他國家，都是在大環境的各種影響之下勉力生存而求上進的、再平凡也不過的人。

然而我以為這本書和其他海外華人作品最明顯的不同，便在於李存信筆下對於所謂「西方」的真實含義了解得極為清楚。相對於一般海外華人作家、特別是來自中國的作家，經常把中國以外的所有國家都一概稱之為「西方」，乃至於以為「美國」和「西方」這兩個名詞之間簡直可以劃上等號，李存信對自己到過的每一個國家都有著極為深刻而細膩的觀察，從藝術文化的角度來加以敘寫，直接陳述人的各種行為和本性，而不是輕描淡寫，甚至籠統地一言以蔽之。在這整本書中，「西方」這個字是不存在的。我經常想，這難道是因為李存信本身作為芭蕾

舞者而能產生獨到的見解和眼光嗎？是不是因為他成長於藝術之中，習慣的只是技術的精進和美感的追求，因此能對國界畫分出來的歷史和文化特色了解得很清楚，學會了明白直接地個別對待？這個問題的答案，也許只有李存信能提供了。

《毛澤東時代的最後舞者》當初由擔任墨爾本華文作家協會主席的王曉雨翻譯成簡體中文，書名改成「舞遍天涯」，封面是一幅李存信飛躍的舞姿，雖然少了一種政治意味，顯不出書中那種歷經時代轉變而造成個人生涯發展不同的感觸，卻也能略為表達作者輾轉全球的經歷。後來這本書於2009年在台灣出了繁體中文版，書名也直接從英文翻譯過來，念起來似乎有些聱牙，卻是最忠實的。

最後來說說這本書改編的同名電影。當初李存信出書以後，因為太過成功，改編版權很快就由1996年發行《鋼琴師》(Shine) 這部著名電影的製片公司買下，由編寫《鋼琴師》劇本的簡·薩爾蒂 (Jan Sardi) 擔任劇本改編，並由執導1989年《溫馨接送情》(Driving Miss Daisy) 這部電影的布魯斯·貝瑞斯福特 (Bruce Beresford) 擔任導演，李存信自己也是製作人之一。在2009年發行的這部電影中，李存信由號稱「中國最傑出的芭蕾舞者」的曹馳飾演，一度當紅而如今有些過氣的陳冲則飾演李存信堅忍卓絕的母親。曹馳的戲劇表現雖然有些木訥，演出芭蕾舞的身段卻是驚天動地，感人至深，令人充份體驗到藝術的魔力。

值得一提的是，電影中飾演李存信在美國留學時的德州芭蕾舞團負責人班·史蒂文森 (Ben Stevenson) 的那位演員，竟然便是在《機械公敵》(I, Robot) 電影中飾演那位機器人公司總裁的布魯斯·格林伍德 (Bruce Greenwood)，我在看《毛澤東時代的最後舞者》時一再想到他在《機械公敵》中強調的那句「這其中根本沒有所謂的陰謀」(There is no conspiracy)，對照兩部電影的情節，不禁感到啼笑皆非。此外，電影中為李存信在美國投奔自由而出了大力的那位名律師查爾斯·佛斯特 (Charles Foster)，竟然由多年不曾露面的凱爾·麥可拉克蘭 (Kyle MacLachlan) 飾演，我從來就記得他是電影《沙丘魔堡》(Dune) 中那位騎著巨蟲漫遊沙海的英雄主角，更是電視影集《雙峰》(Twin Peaks) 裡

的那位瀟灑的聯邦調查局探員,後來上網查到他竟然也在俗氣非常的電視影集《慾望師奶》(Desperate Housewives) 中出任一角,對他的尊敬不禁打了幾折,幸好他在《毛澤東時代的最後舞者》這部電影中的表現極為傑出,再度贏得了我的信心。

最後想說的一點是,李存信當初寫成自傳的時候,曾經被問到為什麼不用自己最熟悉的中文寫作。他的回答是,希望能透過英文來把自己的故事傳播給更多的人知道。我卻以為,也許中文對他而言太過親近,因此無法實際地運用在寫作自己的人生故事上,同時他在十八歲出國以後使用的便是英文,儘管在使用上不能算是盡善盡美、熟練流利,筆下平實純樸的表達方式卻更能展現出他的一片赤誠。這其中的奧妙,也許可以給許多有志於使用雙語創作的人參考。

——原載於 2010 年八月七日

末代武士

　　《藝伎回憶錄》(Memoirs of a Geisha) 讓我想到《末代武士》(The Last Samurai) 這部電影，兩者都和所謂的「古典」日本文化有關，主題重心卻有所不同，表現方式也不一樣。我在《藝伎回憶錄》裡看到了女性之間溫柔婉約的互助和欽羨，在《末代武士》中卻看到了男性之間惺惺相惜的袍澤之情，兩種感情都足以跨越文化，於是成為任何一國人心都可以感動的作品。

　　大家都知道，2003 年發行的《末代武士》這部電影敘述的是日本明治維新 (Meiji Restoration) 期間新舊兩種文化的掙扎，傳統的武士道逐漸被西式的火槍大砲所取代，武士們重榮譽、講義氣的精神似乎也日漸在崇商重利的新文化中式微。這一切轉變透過一個外來人的觀察和詮釋，成為一段可歌可泣的史詩，史詩中個人肉體的生死榮辱似乎都不再重要，只有精神和毅力長存，供後人憑弔。這個題材，自古到今無論是在哪一個文化的歷史和文學裡，似乎總是寫不完。對於過去一代犧牲奉獻的描述越是慘烈深重，對照之下的現今一代似乎也越是顯得單純無知而現實。

　　電影中的納森·艾格倫 (Nathan Algren) 歷經美國內戰和對於印第安人的殖民戰爭，因為手上染滿鮮血而選擇自甘墮落，卻在一次機遇之下，於 1876 年受雇到日本協助明治政府訓練新成立的西式軍隊，並鎮壓試圖叛亂的各類武士和農民。他在一次作戰失敗之後被一群武士俘虜，卻因而接觸到深邃優美的武士道文化，甚至全心投入學習。這段經歷取自法國軍官朱爾斯·布奈特 (Jules Brunet) 的真實故事，他是明治政府請來的軍事顧問之一，卻在 1868 至 1869 年的戊辰戰爭 (Boshin War) 中協助幕府反抗軍和明治政府對峙。《末代武士》這部電影的情節牽涉到的另外一場武士叛亂是 1877 年的西南戰爭 (Satsuma Rebellion)，領頭的是號稱「最後一位真正的武士」的西鄉隆盛 (Saigo Takamori)，他是電影中由渡邊謙 (Ken Watanabe) 飾演的日本武士勝元盛次 (Katsumoto

Moritsu) 的原型。

　　歷史課本中的明治維新是日本現代化的關鍵時期，然而《末代武士》為了簡化這段歷史而使（美國）觀眾更能心領神會電影中新舊兩個世代的碰撞和摩擦，選擇了隱去當時協助明治政府進行軍事訓練的幾個西方國家（包括法國、荷蘭和英國），一概以美國取代。電影情節和史實有相當差異的另外一點，在於電影中的政府軍隊開始學習使用西式槍砲，因而被傳統的武士視為一種懶惰惡習，更是對於武士道的侮辱。事實上，早在明治維新之前的幾個世紀，日本就開始了西式槍枝的使用，特別是德川幕府 (Tokugawa Shougunate) 十七世紀初在江戶（Edo，也就是現在的東京）的成立，槍枝的使用扮演了極重要的角色。到了十九世紀上旬，日本各界才開始鄙棄西式武器的使用，製造槍枝的技術也逐漸式微，然而明治維新的發起卻改變了這個潮流，大量引進西方的現代化軍事科技。

　　儘管《末代武士》並非絕對忠於歷史，有些論者卻把這部電影拿來和著名導演黑澤明 (Akira Kurosawa) 的經典之作《七武士》(Seven Samurai) 比較，認為兩者在主題和場景安排等方面頗有類似之處。我自己倒是想起 1990 年發行的《與狼共舞》(Dances with Wolves)，兩部電影都從一個外來人的角度敘寫新舊文化之間的衝突，都包含了外來人欽慕而選擇加入舊文化的過程，也都把重心集中在舊文化如何在新文化的進攻之下傷亡慘重而卻精神不死。更有意義的是，《末代武士》透過對於武士道的尊重而改變了美國觀眾長久以來對日本文化產生的許多俗見，《與狼共舞》則提昇了印第安民族和文化在美國社會的地位。身兼電影製作人、導演和男主角三重角色的凱文・科斯納 (Kevin Coster) 並於 1995 年進一步參與了著名記錄片《五百部族》(500 Nations) 的製作，且擔任主要旁白，不但回顧了北美印第安各族的興亡歷史，更前瞻了他們未來在美國歷史、社會和文化中永遠不會磨滅的重要地位。

　　有趣的是，《與狼共舞》原本是麥可・布萊克 (Michael Blake) 寫的劇本，一直乏人問津，後來科斯納建議布萊克把劇本改編成小說以增加被電影公司採用的機會，然而這個故事還是沒有人要買，科斯納乾脆於

1988 年自己買下版權,也使布萊克成為《與狼共舞》這部電影的「原著小說」作者。相對之下,《末代武士》雖然沒有原著小說,各類文學作品中卻有一本書的名字也是 The Last Samurai,這是美國作家海倫・德威特 (Helen Dewitt) 於 2000 年出版的成名小說,書名可能要翻譯成「最後的武士」才算恰當。書中的小男孩路鐸 (Ludo) 和母親席碧拉 (Sibylla) 相依為命,從來不知道父親是誰,母親也不肯透露,只要求從小便十分聰慧的兒子閱讀各式各樣的文學作品,學習多種語言,充份在藝術作品中發揮自己的想像力。路鐸會說阿拉伯語、希伯來語、法語、德語、希臘語和日語,讀過荷馬的史詩和冰島的英雄傳說,精通數學和科學,更把黑澤明的《七武士》翻來覆去地看了幾十遍。席碧拉希望兒子能從這些藝術作品中找到正確的角色模範 (role model),路鐸卻希望能找到一些關於據說是旅行作家的父親的線索。

《最後的武士》書中的單親母親透過各種藝術作品而在年幼的兒子心中建立起一個完美的男性形象,《末代武士》電影裡的美國軍官則在傳統日本武士的言行舉止之中找到心目中傑出的英雄典型,一如《與狼共舞》電影裡的白人軍官從印第安人那裡學到了人性的至善和光輝。這三部作品都牽涉到理想最初的形成,之後的破滅、復活、再生,以及最終的完備。身為讀者和觀眾,希望我們每一個人的目標都不要設立得太高太遠,對於生命不存在太多的夢想,凡事都能腳踏實地,在失望的時候便也不至於受到太大的打擊,因此而能再接再厲,勇往直前,直到成功。

——原載於 2010 年八月十日

《倩女幽魂》的聯想

因為《藝伎回憶錄》(Memoirs of a Geisha) 的電影海報，竟然聯想到當年紅透半邊天的《倩女幽魂》這部電影，兩位女主角的髮絲都被風吹得很有詩意，半掩半映她們有些憂鬱而又純真無邪的臉龐，看起來確實惹人憐愛。只不過，在英文裡，我覺得這兩位女主角似乎都碰到了一個 bad hair day：有時候早上起來就是沒有辦法把頭髮梳好，因此而一整天都諸事不順！

說到英文，1987 年發行的《倩女幽魂》這部電影的英文名字是 A Chinese Ghost Story，我當初看到這個翻譯的時候不禁覺得好笑：中國的鬼故事成千上萬，一個個排列出來，要取英文名字可困難了。後來在網上查到其他兩部在英語世界也頗有名氣的香港鬼電影：同樣是 1987 年發行的《鬼新娘》(The Phantom Bride)，以及早在 1983 年發行的《陰陽錯》(Esprit d'amour)。比較起來，這兩部電影的英文名字似乎就取得比較有創意。

已故作家三毛在《傾城》這本書中收錄的〈不負我心〉一文裡絮絮叨叨地說了許多讀書的好處，其中有一段是這樣寫的：「古人今人讀書大半為求功名，運氣好的不但不病，破廟中讀著讀著尚有女鬼投懷送抱，那些身體差的就只有拿個錐子刺骨才能不打瞌睡。」的確，中國文學都是讀書人寫的，眾多作品裡有機會和漂亮女鬼談戀愛的當然也總是書生，還得像《聊齋誌異》裡的寧采臣那樣正氣凜然，才能贏得聶小倩的芳心，陶望三甚至還義不容辭地把秋容和小謝兩個女鬼都訓練到提筆能寫出一手好字，儼然以導師自居。更有趣的是，《搜神記》裡獲得女鬼青睞的辛道度、談生和盧充三人都是書生，卻也都窮到必須把女鬼送給自己的定情禮物拿到市場上去轉賣，可見讀書人自古以來都是窮愁潦倒，物質生活上比不過有錢人，於是在精神生活上和女鬼們談談戀愛，也算聊勝於無。

中國文學裡的女鬼似乎也都很有主見，一但愛上了誰就決心生死以

報（這話有些不通情理，已然是鬼，又如何能論生死？），像《牡丹亭》裡的紫玉也是情深義重，做了鬼也要從墓裡跑出來為心上人解難排紛，非得犧牲到底不可。比較起來，我還是最喜歡《聊齋誌異》裡的宦娘，自己知道人鬼不能結合的分寸，又深愛溫如春的琴韻，乾脆狠下心來為他作媒，成就好事，祝大家幸福，然後飄然遠去，多麼瀟灑解人！

在英語文學中，人鬼戀的題材屬於「超自然羅曼史」(Paranormal Romance) 的一種，人類可以與之發生感情的對象還包括吸血鬼、狼人、精靈、外星人等各式各樣的異物。例如美國神秘小說作家瑪莉思・密爾海瑟 (Marlys Millhiser) 最為人知的作品《古鏡雲煙》（The Mirror，1978 年出版），或是最近頗有名的奧黛麗・尼芬格 (Audrey Niffenegger) 的《時間旅人之妻》（Time Traveler's Wife，2003 年出版）所敘寫的那種穿越時空的戀情，雖然男女雙方都是人類，也可以算是「超自然羅曼史」。至於史蒂芬妮・梅爾 (Stephenie Meyer) 的「暮光」系列 (The Twilight Series)，在這裡自然是連提都不用提囉。

有論者以為「超自然羅曼史」跨越了奇幻、科幻、乃至於恐怖小說等文類，比傳統強調男歡女愛的羅曼史小說更有特色，我舉雙手同意。當年張系國寫過好多篇精彩絕倫的「科幻愛情故事」，像《星雲組曲》（1980 年）書中收錄的〈傾城之戀〉和〈歸〉，以及《夜曲》（1984 年）書中收錄的〈夜曲〉等短篇小說，為中國式「超自然羅曼史」開創嶄新的境界。至於香港的倪匡筆下不知道創造過多少「超自然羅曼史」的故事，這是大家有目共睹的，也不需要我在這裡舉例。我自己最喜歡《尋夢》這個故事結尾的那篇〈十七年〉，一對情侶生死相許，投胎轉世的女方願意和靈魂進入玉像的男方永遠廝守，令人感動；而《極刑》這本書中的白奇偉遇到外星女子，「激情爆發如少年」，也足以令人心嚮往之。

再回頭來說說人鬼相戀的藝術作品。在所有這一類題材的電影之中，最有名的當然是 1990 年發行的《第六感生死戀》(Ghost)，派垂克・史威茲 (Patrick Swayze) 飾演的鬼魂山姆用一枚銅板向黛咪・摩爾 (Demi Moore) 飾演的女友茉莉表達生死永恆的愛意，背景配上正義兄弟

(The Righteous Brothers) 的經典老歌〈奔放的旋律〉(Unchained Melody)，果然賺人熱淚，也讓許多戀人從此愛上陶土製作。此外，2005年發行的《出竅情人》(Just Like Heaven，或譯為比較有忠實意味的「宛若天堂」) 也是人鬼相戀的故事，只不過電影中的女主角經歷了靈魂離體的現象，而不是真正的死亡。

至於人鬼相戀的文學作品，我自己想到的第一本小說竟然是《蘇西的世界》(The Lovely Bones，2002年出版)，因為身在天堂的蘇西無論如何也要和自己喜歡的男孩再相聚一次，靈魂等待多年，最後只能透過附身好友的方式來一嘗宿願。與此同時，我也想到了美國奇幻作家強納森・凱洛 (Jonathan Carroll) 的《鬼魂之戀》(這是我自己的翻譯，英文書名是 The Ghost in Love，2008年出版)，以及美國作家導演譚雅・荷利 (Tonya Hurley) 為青少年讀者所寫的《鬼女孩》(Ghostgirl，同樣於2008年出版)。

《鬼魂之戀》這部小說寫的是負責引渡死者靈魂的「拘魂使者」因為人類居然能擺脫死亡而必須留在人世靜觀其變，結果愛上一位應該死於意外卻無恙生還的一個男人的女朋友，情節有夠複雜，討論的卻是人類在有能力掌握生死之後所無法逃避的各種道德議題。至於《鬼女孩》這部小說則是一位寂寞高中女孩的故事，她生前不受同學歡迎，死後也要想方設法找到幾個知心朋友，作者寫得暢快淋漓，意猶未盡之餘又出了兩本續集，也就是2009年出版的《鬼女孩：返校日》(Ghostgirl: Homecoming) 和2010年出版的《鬼女孩：相思病》(Ghostgirl: Lovesick)。

囉囉嗦嗦地寫了這麼一大串，希望大家不會嫌我話多。我自己還是喜歡當個讀書人，求不到功名，更不想懸樑刺股，只要沒事的時候能抱著一本書讓想像力馳騁天外，就算只能回憶一些人鬼相戀故事的情節片段，也是很過癮的。

——原載於2010年八月十一日

《部落格療法》

你有幾盒面紙？

　　我是一個「哭點」特別低的人，常常連看書都會看到淚流滿面，更不用說是電影了。電影裡的主角們生離死別，我當然會哭，他們喜極而泣，我也會哭；女主角梨花泣雨，我自然跟著哭，碰上男主角英雄落淚，我哭得更厲害，因為男人不輕易掉淚，特別是為女人而哭，絕對會讓我心碎。因此，和我一起看電影的朋友們常常覺得我這個人很脆弱，幸好手邊經常有許多盒面紙，沒事就抽一張來堵我這有如河堤水壩的眼眶，也免得家裡遭到洪澇之荒。

　　電影《西雅圖夜未眠》（Sleepless in Seattle，1993年發行）裡，湯姆・漢克(Tom Hanks)飾演的鰥夫山姆面對好友勸慰，決心「重回馬背」(back in the saddle again)，找尋新的伴侶。好友的妻子坐在一旁回憶電影《金玉盟》（An Affair to Remember，1957年發行）裡的那對情侶，兩人約好在紐約市的帝國大樓(Empire State Building)樓頂相見，女方卻因為車禍而殘障，男方失望於女方的背信而離去，多年之後兩人再見，男方才發現女方已經半身不遂，說著說著就感動得哭了起來。

　　山姆和好友互看一眼，一副「女人就是這麼愛哭！」的表情。然後山姆說，他要找的是一個可以在晚餐時談心的伴侶，而不是一個在看電影的時候動不動就會崩潰痛哭的女人。話雖然這樣說，兩人馬上說起幾部「很有感情」的電影，特別是《決死突擊隊》（The Dirty Dozen，1967年發行，或譯為有些好玩的「十二金剛」），片中的十二個美國死囚組成一支特別突擊隊，在1944年諾曼地登陸的前夕試圖滲透法國的一所豪宅，找出消滅德軍的方法。十二人各逞心機，用盡各種手段，最後（想當然耳）不得不和德軍進行殊死戰，有的奮不顧身而被槍殺，有的在行蹤洩漏之後光榮犧牲，有的在陷入困境時寧可丟幾顆手榴彈把敵人和自己一同炸死，更有的不顧自己安危而以救出同伴為使命。山姆和好友說著說著也開始痛哭流涕起來，此時倒是好友的妻子坐在一旁冷眼旁觀，覺得這兩個大男人怎麼那麼沒有出息？

所以說，一部好電影可以讓人感動得刻骨銘心，甚至魂馳心醉。我幾天前寫過〈末代武士〉這篇文章，其中提到的《末代武士》(The Last Samurai) 和《與狼共舞》(Dances with Wolves) 兩部電影，都是相當動人的作品，當然也讓我哭得唏哩嘩啦，無法克制。《末代武士》中堅持武士道的戰士們對抗洋槍大砲，明知必死不可，卻還是勇往直前，不肯死於子彈而喪失自己的榮譽。至於《與狼共舞》裡的精彩片段當然很多，然而最令我感動的卻是那隻有情有義的野狼雙襪 (Two Socks)，無論情勢如何危急都不願意離開主人，結果終於死在號稱「軍官」的白人暴徒槍下，曝屍荒野。我相信，看到這兩幕而能硬起心腸不落淚的觀眾，只怕不多吧。

我見不得電影中的女人哭，像《情比姐妹深》（Beaches，1988年發行）這部電影中，兩位好友生死訣別的那一幕，實在是拍得迴腸盪氣，讓人不哭也不行。然而我更見不得電影中的男人落淚，所謂「男兒有淚不輕彈，只是未到傷心處」，要讓電影中的男主角哭，即便只是眼眶微微泛了點紅，也必得有什麼驚天動地的悲劇發生。比方說，電影《英倫情人》（The English Patient，1992年發行）中的男主角歷盡九死一生，只為了回到沙漠找尋愛人，結果發現的只是她早已僵硬的屍體，死前還在寫著想他愛他的文句，他一面抱著她的屍體跌跌撞撞地走，一面嚎啕大哭，這是為愛而哭。電影《四個婚禮和一個葬禮》（Four Weddings and a Funeral，1994年發行，或譯為「妳是我今生的新娘」）中的馬修在同志伴侶的告別式上誦讀英國詩人奧定 (W.H. Auden) 於1936年寫成的那首〈葬禮藍調〉(Funeral Blues)：「他曾是我的北方、南方、東方和西方，我一星期六天的工作和週日的休息，我的正午，我的子夜，我的話語，我的歌聲；我以為愛能持續永遠：我錯了。」他一面讀，一面強忍著不落下淚來，這是為情而哭。

還有電影《英雄本色》（Braveheart，1995年發行，或譯為「勇敢的心」）中的英雄威廉・華勒斯 (William Wallace) 帶領蘇格蘭人對抗英國的暴政，更為了愛妻被英國貴族殺害而有心報復，最後被捕，受盡各種酷刑，被斬首之前大喊一聲「自由！」，讓銀幕裡外的觀眾泣不成

聲,這是為世間缺乏正義而哭。(這一幕總是讓我想到1988年發行的電影《紅高粱》中,羅漢大爺被侵華的日本軍隊剝皮示眾的那一幕,我當時嚇得閉住了眼睛不敢看,至今還在遺憾。)除此之外,電影《早安越南》(Good Morning, Vietnam,1987年發行)的美國大兵們在銀幕裡的越南戰場上無聲地廝殺、肉搏、前仆後繼、淒慘犧牲,背景是路易斯‧阿姆斯壯(Louis Armstrong)用沙啞嗓音吟唱的那首〈多麼美好的世界〉(What a Wonderful World),反諷意味深重,又令人無比心酸,這是為無辜生命的損失而哭。電影《春風化雨》(Dead Poets Society,1989年發行)中,極為傑出而行事卻不合常道的老師被迫辭職,學生們為了抗議,一個又一個地站上書桌,用無言卻強悍的方式表達他們對老師的愛戴,令人不由自主地眼中含淚,這是為青春少年理想的受到侮蔑而哭。至於電影《綠里奇蹟》(The Green Mile,1999年發行)中,無比善良的黑人約翰‧考非(John Coffey)願意自我犧牲而坐上電椅的那一幕,令人感受到命運的殘酷無情,善惡是非的抉擇難定,因而淚下,這是為人類面對自然和超自然兩種力量,卻都無法主宰自己的喜怒哀樂而哭。

然而我所看過最悲慘的電影,一部是2004年發行、由克林‧伊斯威特(Clint Eastwood)執導的《登峰造極》(Million Dollar Baby),另一部則是1988年發行、由日本著名的「吉卜力工作室」(Studio Ghibli)推出的動畫《螢火蟲之墓》(Grave of the Fireflies),兩部電影都描述了生命的充滿活力、純真美好,卻也都讓這樣的生命接受命運無情的打擊、摧殘、踐踏、埋沒。我曾經立誓永遠不再看這兩部電影,因為在心態上實在承受不了,不但在看電影時哭濕了好幾盒面紙,之後一整天的心情也很低沉。

儘管如此,對於那些有心想認識各種好電影的人而言,只要準備好許多盒面紙,我還是會鼓勵他們看看上述的各部作品。也許,唯有因為藝術的深邃而感動痛哭過的人,才能體會到生命的無限美好吧。

――原載於2010年八月十二日

《部落格療法》

飄洋過海來看你

　　最近不知道為什麼,一直想起年輕時非常喜歡的一首歌〈飄洋過海來看你〉,尤其是那句「言語從來沒能將我的情意表達千萬分之一,為了這個遺憾,我在夜裡想了又想,不肯睡去」,在心中縈繞再三,印象深刻無比。腦海中的歌曲由字正腔圓的女聲唱出,因此我一直以為是張艾嘉的聲音,當年也聽過作詞作曲者李宗盛自己唱這首歌的豪邁,如今上網查了一下,才發現原唱者竟然是金智娟。

　　這兩個星期以來,一直想找出這首歌在二十年後又突然浮現在腦中的原因,今天下午開始讀齊邦媛的《巨流河》,突然就明白了為什麼。倒不是我突然起了寫自傳的念頭,畢竟是小人物一個,沒什麼驚天動地的經歷可寫,寫了大概也不會有人看,更何況有資格寫自傳的前輩多得是,也輪不到我這後生來班門弄斧。

　　我想,像我這種以文字維生的人,一旦生命中有什麼感觸,很自然地就會想用文字表達出來。然而現代人生活繁忙,為人作嫁、養家餬口都不容易了,遑論有機會奢侈地花時間記錄自己的感受,於是就只好「為了這個遺憾,我在夜裡想了又想,不肯睡去」了。幸好閱讀也是一種奢侈,有時候讀到一系列好作品,明明是把書中的文字讀進眼裡,心中被喚醒的許多記憶和感情卻泉湧而出,無法克制。這一進一出之間,彷彿生命也得到了慰藉,生活也變得容易些了。

　　那麼,這一切應該從哪裡說起呢?左思右想,應該是張翎的《金山》這本書吧。我一向對海外華人作家的作品特別感興趣,讀完這本書之後的感觸很深,特別寫了一篇《金山的誘惑》來試著評論,並作紀念。我在文中說這本書「不是第一本以加拿大華人歷史為重點的文學作品,在規模上卻是數一數二的,即便是和其他描繪海外華人遷徙與發展歷史的中外文學比較,也佔有舉足輕重的地位」。儘管《金山》的字數多達四十幾萬,我卻從其中獲得相當大的感動,對於這一類厚重的大書也開始產生興趣。

《部落格療法》

　　《金山》號稱是「《京華煙雲》後最氣勢磅礡的長篇小說」，所以我讀的下一本書當然是林語堂的這本經典之作，甚至透過亞馬遜網路書店買來了1939年出版的英文原著，書頁斑黃陳舊，我卻視為珍寶。讀完《京華煙雲》之後當然又得寫文章來紀念，於是就有了〈細數《京華煙雲》〉這篇文章的誕生。我在文中說「林語堂雖然借用了《紅樓夢》這本古典小說的架構和語法，在格局和精神內涵上卻又明顯勝出，因為《京華煙雲》是以史詩的手法創作的，透過小人物的悲歡離合來訴說大時代的轉變，比起榮賈兩府眾人的內在辛酸，眼光就顯得廣闊多了」。我得在這裡再強調一次：這當然是我個人的偏見。

　　《京華煙雲》看完，當然就得接著看續集《風聲鶴唳》，就算只為了證明我自己的意見，「這兩本小說之間雖然沒有直接關係，卻都有著內在的精神聯繫，也都寄託了林語堂的文化憧憬和人生理想」。結果這一看就不得了：林語堂在這本書中對於八年抗戰期間各種小人物生命起伏的精闢描寫，幾度讓我看到愴然淚下，不能自己。雖然我確實算是那種「脆弱的讀者」（自從讀完《蘇西的世界》之後就特別有這種感受），看到書中眾多小人物的悲歡歲月，生離死別，面對戰爭的無奈和無助，流離他鄉的徬徨，實在是心酸不已，所以連一篇評論文章都寫不出來。

　　看完《風聲鶴唳》之後，又回頭去看張翎的《溫州女人》，然後跳到另外一位海外華人女作家嚴歌苓的《扶桑》，也是一本心儀已久的作品。扶桑是一個在海外中國城裡受盡蹂躪欺凌的妓女，但是她心靈上的純真和自由從來沒有人能侵犯，我喜歡把這個角色拿來和《蘇西的世界》(The Lovely Bones) 裡的那位在女兒被謀殺之後竟然外遇的母親比較，再對照史蒂芬・金 (Stephen King) 的短篇故事〈陶德太太的捷徑〉(Mrs Todd's Shortcut) 裡的那位喜愛開車到處找捷徑的太太，不禁想到一個問題：女人到底要什麼？嚴歌苓的另一本傑作是《人寰》，看了之後也讓人心痛，但是對找出這個問題的答案可沒有幫助，所以自然也沒有文章可寫。

　　因為《扶桑》一書女主角的身份，所以看了施淑青的「香港三部

曲」系列，從《她的名字叫蝴蝶》看到《遍山洋紫荊》，再到《寂寞雲園》，最後反而對作者的書寫方式感興趣，讓我想到史蒂芬·金的《綠里奇蹟》(The Green Mile)，效法英國大文豪查爾斯·狄更斯 (Charles Dickens) 的那種一再重覆、強調重點的寫法，每個篇章都是獨立的作品，整體結合起來之後又是一本令人回味再三的好書。我對香港不熟，年輕的時候生吞活剝「末代港督」彭定康 (Christopher Patten) 的《東方和西方》(East and West)，因為懂得不多，所以在讀完之後頭痛不已，後來買了英國作家約翰·蘭切斯特 (John Lanchester) 的《香港》(Fragrant Harbour) 這本於 2003 年出版的小說，也是看得鴉鴉烏。比較起來，還是施淑青的書比較耐看，只不過這三位作家的比較評論就無法進行了。

　　最後終於看到龍應台的《大江大海 1949》，這是我嚮往已久的作品，同樣也是看到泣不成聲。龍應台對於這本書的創作態度是無比嚴謹的，雖然是散文筆法，架構上卻是一部史書，寫出了無數平凡小人物的大悲痛，歷史因而不再是教科書裡的記錄，而是真正被活過的生命。我在看這部作品的時候得到了相當大的啟發，深深覺得書就是要這樣寫，作者就是要這樣負責、認真，每一字每一句都有來源，都肯用心，而不是對於讀者的敷衍了事。一部作品的文體和長度可以千變萬化，但是作者在創作時有沒有用心，讀者一看就知道。我敬佩龍應台為這本書所付出的心力，也期許自己有朝一日可以效法她為了創作而致力於學術研究的精神。

　　那麼我現在看的是哪一本書呢？齊邦媛的《巨流河》在規模上更為龐大，但是因為採取了第一人稱的自傳體敘述方式，歷史也變得親切可人起來，便沒有看《大江大海 1949》時感受到的那種驚心動魄。我目前已經買下張典婉的《太平輪 1949》，也許在收到書之後就會等不及地翻看吧。

　　落落長地寫了這麼一大串，也許自己真正想寫的心情也可以用這篇文章開頭時引用的歌來描述：「記憶它總是慢慢地累積在我心中無法抹去，為了你的承諾，我在最絕望的時候，都忍著不哭泣。」有幸看了這

麼多好書，隨著時間的過去，它們都慢慢融合成我人格的一部份。我不確定自己因為這些好書而真的能成就些什麼事，但是它們給了我一種對於未來的希望，對於自我精進的期許，也算是一件好事吧。

－－原載於 2010 年十一月十五日

《部落格療法》

當文學變成資訊：我的電子書初體驗

　　我一向就是一個科技白癡。用一句比較粗俗的話來形容，別人都已經登陸火星進行探測了，我還在地上爬。（顯然在當今這個世代，登陸月球已經沒有什麼了不起了。）我有能力使用科技，卻不想去接觸，只要在自己已知的領域之中悠遊自在即可，何必花費寶貴的時間和金錢去鑽研那麼多複雜的項目和組件。

　　然而當今這個世代已經不一樣了。傳統的出版業面臨電子書的挑戰，在英語世界裡固然炒作得轟轟烈烈，中文世界的列強爭霸也是一個可觀的局面。這個數位化的潮流是巨大而無法避免的，因為網際網路的普及和深入早已讓一般大眾熟悉資訊的數位化，而既然資訊可以透過網路傳遞，文學創作為什麼不可以？

　　我自己是依賴文字維生的（在生計和心理上都是如此），因此對筆下產生的一字一句都有無比的眷戀和珍惜。事實上，僅僅從「筆下」這兩個字，就可以看出我在觀念上還是一個舊式文人。雖然我從大學時代就開始用電腦創作（別人呈上的是十幾張稿紙，我卻只有一頁列印），如今也是沒有電腦就寫不出一個字（多半也是因為字跡潦草到讓自己都會發瘋），我對於創作的概念還是「爬格子」的那種，十年寒窗，懸樑刺股，只差沒有像電影《英雄》裡的殘劍那樣拿個大拖把來進行全身運動。換句話說，儘管我的創作方式是在電腦鍵盤上打字，而不是親手握筆，創作對我來說還是一個嘔心瀝血的過程。我對自己的作品也是無比珍惜的，儘管這些文字在他人眼中可能根本不值一文。

　　在當今這個世代，可能沒有什麼人還在用筆創作了，大家都是在電腦上劈劈啪啪地打字（我自己就特別喜歡聲音清脆的鍵盤），之後或是整齊列印出來，或是按一下滑鼠鍵用電子郵件寄送，再不然就是上傳到網路，還可以配上各種精彩的影像或圖案。作者的讀者群不但擴大，和讀者交流的方式也有改變。從前的作者非得出書或上報，才能讓大眾知道自己的想法，出版社或報社還得提供額外的郵遞服務，把讀者的心得

感想轉寄給作者。反觀現在的資訊時代,任何人都可以把自己的言論刊登在網路上,獲得的回饋也是直接而立即的,打筆戰更是容易。在這樣巨大的轉變下,創作這個過程還有什麼深刻的意義或價值?文學性的創作是否還有可能具備任何地位?作者、讀者和論者對文學的定義和評價又會有什麼改變?

曾經有一位寫電腦程式的朋友指教我:透過網路傳輸而呈現的都是單純的訊息 (information),經過有系統的整理之後成為資料 (data),實際獲得運用的資料才是知識 (knowledge),而真正對社會整體有益的才稱得上是智慧 (wisdom)。我覺得這個邏輯也可以運用到文學創作上:網路上數不盡的文字篇章都是為了傳遞訊息,有架構、有系統、有目標的文字則可以稱為創作,令讀者覺得心儀而能受到啟發的創作才具有文學性,而真正足以陶冶人性、影響人心的作品才有文學價值。如果這個引申可以成立,那麼即使是百分之百數位化的文學作品也值得肯定。電子書不像紙本書那樣有封面、可翻頁、具有陳列和收藏的價值、甚至還可以用來打蒼蠅(作家史蒂芬‧金 (Stephen King) 語),然而其如果是真正優秀的作品,就不應該因為呈現的形式不同而受到拒斥。

話雖然這樣說,我在收到此生中第一部電子書閱讀器的時候,心裡還是不免產生些許悵惘的感受。(這裡用的詞是「收到」,因為是別人知道我一輩子也不會去花這個錢,硬買給我的。)我上網連結到亞馬遜網路書店,花了美金不到五塊錢,買了英國作家安德魯‧雷恩 (Andrew Lane) 於今年六月出版的小說《死雲》(Death Cloud),也就是「少年福爾摩斯」(Young Sherlock Holmes) 系列的第一集。在不到一分鐘的時間裡,這本書已經儲存在我的閱讀器裡了,巴掌大的螢幕上有一個小小的、五彩繽紛的方塊圖標,就算是這本書的封面了。每看完一頁,得用手指在閱讀器的螢幕上劃過,才算是翻頁。看累了,把閱讀器關掉,下一次再開啟時,閱讀器會自動展示前次終止閱讀電子書的那一頁。半夜三更睡不著,不用開燈也可以看書,只不過不能把閱讀器當枕頭,怕被我這大頭壓壞。

根據亞馬遜網路書店的介紹,《死雲》這本書的精裝版和平裝版都

要等到明年二月才上市，前者定價美金十七元，就算是優惠預訂也得花上將近美金十二元。在澳洲，這本書的平裝版已經於今年八月上市，定價卻也要澳幣十五元，和美金差不多價錢。想從這兩個國家買書，光是運費就很驚人，等書寄到，起碼也要一個月。如今我只花了美金四塊九毛五，以及生命中短短的一分鐘，就收到了這本書，可見電子書的優勢所在：好書不必再等待，連書店都不用去，只要你記得自己的信用卡號和相關資料，躺在家中床上（甚至坐在廁所馬桶上）就可以買書！

然而我為什麼還會感到惆悵呢？是因為作家起早爬黑、勤奮努力寫成的一部作品，竟然能如此廉價而迅捷地抵達讀者手中，供讀者消費嗎？文學創作儲存在電子書閱讀器裡，當真是「呼之欲出」，而不再像過去那樣「千呼萬喚始出來」。當文學變成資訊，尤其是垂手可得的資訊，讀者連逛書店的那種「山窮水盡疑無路，柳暗花明又一村」的樂趣也可以省略，哪天搞不好心血來潮（或一時大意），手指在閱讀器上點一下就可以把整部作品刪除。在當今這個資訊爆炸的時代，當文學變成資訊，我們會因此而更親近、渴望文學，抑或我們對文學創作的敬意和期待會就此消失？

我想，等我變得很有錢，還是會到書店裡去買《死雲》這部小說的紙本書，就算是回到家裡供在書架上當作好花欣賞，也是值得的吧。

——原載於 2010 年十一月二十二日

第三部：網路雜談

《部落格療法》

《部落格療法》

草泥馬大戰河蟹

　　草泥馬的英文是 grass mud horse，這個翻譯其來有自。中國網民認為草泥馬長得和羊駝 (lama) 差不多，也就是我們常說的駱馬 (alpaca)。這種全身毛茸茸的動物看起來十分可愛，然而牠可是中國數百萬網民所共同推舉的「網路十大神獸」之一呢。

　　草泥馬這種生物是在 2009 年初誕生的，當時中國的國務院新聞局、工業和信息化部、公安部、文化部、工商總局、廣電總局、新聞出版總署等七個政府部門，聯合起來推動了一項號稱「整治網路低俗之風」的專案行動，前後公佈了九批國內外的網站，指控它們「存在大量違背社會公德、損害青少年身心健康的低俗內容」。中國隨之成立的「網路違法和不良信息舉報中心」也要求這些被公佈的網站認真清理和整治低俗內容，請全國廣大網民監督這些網站的整理和改進情況，也歡迎網民繼續積極舉報網路上的違法和不良訊息。

　　這項專案行動展開之後，許多最受歡迎的中國網站紛紛發出給網友的公開道歉信，緊急關閉各種展示低俗內容的聊天室或討論區，並宣稱已經開始使用新式軟體過濾各種不良圖像的上載和下傳。即便是在中國受歡迎程度僅次於「百度」的「谷歌」搜索引擎 (Google.cn)，也在其官方部落格發表了一篇名為「讓我們一起建設綠色網路」的文章，並表明「谷歌在中國願意作一個守法的企業公民」，以彰顯其清白。

　　在這同時，草泥馬這種生物也現身了。根據紐約時報 (New York Times) 在 2009 年三月的報導指出，一首關於草泥馬的兒歌在 YouTube 廣為流傳，至報導截止時已經有將近一百四十萬人欣賞過；一幅以草泥馬為主角的卡通刊登在網路上，也吸引了將近兩百五十萬人的瀏覽；還有一部關於草泥馬棲息生態的記錄片，受到至少十八萬人的歡迎。中國的許多商店開始販賣草泥馬玩偶，連各界知識份子都開始撰文探討草泥馬在中國社會文化裡扮演的重要角色。

　　這一切變化的產生，都因為草泥馬只不過是一句髒話的諧音，在這

裡就不明寫出來了，大家可以自行上網搜尋。在中國網民的心裡，草泥馬是一種堅忍卓絕的動物，牠們努力地生活、奮鬥，只希望有朝一日能打敗河蟹的專制。

這河蟹 (river crab) 當然也不是一般淡水蟹，而是「和諧」的諧音，主要用意在於諷刺中國政府以「和諧社會」為藉口而強制刪除網路上的各種負面消息或報導。如此說來，河蟹這種生物除了象徵行政封鎖、控制新聞和言論自由的行為之外，也有螃蟹橫行霸道的意味。尤有甚者，中國網民在卡通裡最喜歡在河蟹的一隻前爪上畫上三個手錶，這「戴表」的意思是譏刺中國共產黨中央書記江澤民於 2001 年發表的政治理論，所謂「三個代表」宣稱的「始終代表中國先進生產力的發展要求，始終代表中國先進文化的前進方向，始終代表中國最廣大人民的根本利益」，就這樣被中國網民冷嘲熱諷到不堪的地步。

國際媒體一般認為，草泥馬和河蟹這兩種生物的誕生，顯示了中國政府試圖用行政法規（而非法律程序）管制言論自由，因此遭到眾多網民的反擊。著名的「無國界記者」(Reporters sans frontiers, RSF) 團體指出，中國的這項「整治網路低俗之風」的專案行動，除了管制各種有礙風化的網路內容之外，更包括了對於時政評論和人權報導等網站的攻擊，有「假公濟私」的嫌疑。

至今年一月十五日為止，中國網民的人口總數已經達到三億八千四百萬。根據哈佛大學 (Harvard University) 於 2007 年發佈的研究報告指出，中國封鎖的國際網站包括谷歌 (Google.com)、YouTube、維基百科 (Wikipedia)、臉書 (Facebook)、Flickr 以及英國國家廣播公司的官方網站 (BBC)。谷歌搜索引擎雖然於 2005 年順利進入中國市場，其經營的 Google.cn 卻是中國版本，自然也得遵守中國的各項行政法規。現在，連谷歌也開始考慮要撤出中國市場了。

後記：在這篇文章發表後，有網路暱稱「岳筆」的讀者回應：「我覺得草泥法的概念有點過火，因為我太不喜歡那句髒話。我相信到了後來為了令草泥馬的故事能延續，才有河蟹的出現，但故事感覺過於牽強

了,沒什麼水準一樣。」

　　我的回答如下:「我同意您的看法,草泥馬和河蟹的故事看起來確實牽強,沒有什麼水準,只不過是一群有心追逐低俗網路內容的中國網民的惡作劇罷了。然而,以中國廣大的網路市場而言,這股爭取言論自由(即便是有礙風化的內容)的力量是不可忽視的。由資訊自由而造成的思想開放,人民首次體會到立即接收、分享、乃至於回應網路訊息的樂趣,這對於促進民主發展,的確是一股重要的力量,也是已經習慣民主特權的我們所難以體會的。因此草泥馬和河蟹的故事儘管不入流,在研究中國網路發展歷史的前提下,卻可以是有用的。此外,中國語言文字的奧妙,也可見一斑。」

——原載於 2010 年三月五日

《部落格療法》

人肉搜索引擎（三之一）

　　人肉搜索引擎的英文是 Human Flesh Search Engine，我覺得是很精確的翻譯，名字本身也取得恰當，原因如下。

　　搜索引擎是大家早已在使用的，然而人肉搜索引擎的特色，便是在使用搜索引擎的時候投入大量的人力，檢視、篩選、組織、分析所有的搜尋結果，直到發現需要的資訊為止。所謂「大量的人力」指的是成千上萬的網民，受到一個或幾個聲音在網路上的號召而同時採取行動，往往在幾個小時之內就可以獲得確切的搜尋結果，然後再將之公佈在網路上，吸引更多人的注意，並且引發行動。這裡所謂的「行動」，往往也可以牽涉到上千人之多。

　　人肉搜尋的現象，應該算是一種起源於網路而擴展到現實生活中的群眾運動。其最早可以追溯到 2001 年，一位網民在中國的「貓撲」網站上公佈了一位美女的照片，並稱自己是她的男友。其他心存懷疑的網民立刻展開調查，發現這位美女其實是微軟公司 (Microsoft Corporation) 在大中華地區的代言人陳自瑤小姐，許多網民同時也把陳小姐的個人資料公佈在網路上，以證明這位癩蛤蟆想吃天鵝肉的網民其實是在說謊。這算是人肉搜索的第一個確實案例。

　　到了 2006 年，人肉搜索已經變成一個時髦名詞。該年二月，一批網民開始在中國的「天涯社區」網站中質疑並找出了一位以「毒藥」為網路代號的人的真實身份。這是第一個確實使用搜索引擎的人肉搜索案例，所謂「在網路上，人人都知道你是一條狗」的名言也因此而產生。（備註：1993 年，美國插畫家彼得・史單納 (Peter Steiner) 在紐約客 (The New Yorker) 雜誌上首先創造了「在網路上，沒有人知道你是一條狗」這句名言 (on the Internet, nobody knows you're a dog)。這句話闡明的是網路匿名所保障的言論自由，然而中國網民所創造的反語「人人都知道你是一條狗」卻予以完全顛覆。這不禁讓我想到，人肉搜索的目標是找出「人肉」所在，和西方新聞業者常用的那句「牛肉在哪裡？」

(Where is the beef?)頗有相似之處。)

2006年還有幾個知名的案例,包括所謂的「高跟鞋虐貓事件」和「內湖虐貓事件」。前者是一個離了婚的中年護士,在網路上發表了一段自己用高跟鞋把小貓踩死的影像,結果引起網路公憤,大批中國網民仔細研究影像,從背景的一座大橋認出了拍攝地點其實是在黑龍江省的夢北縣,同時也找出這個護士的個人資料,並將之公佈在網路上。在極短的時間內,刊登這段影像的網站被網民圍攻而癱瘓,這個護士受到「有關單位」的調查,隨即被工作單位解雇。她後來也發表了公開的自我檢討和道歉信。

至於「內湖虐貓事件」的發生地點則是台灣,一個網民於2006年六月在中國的一個網站上發表自己虐待小貓的經過和照片,受到網民追查,確認發文者來自台灣,並將相關的文章和照片轉載到台灣的網站上。台灣的網民報了警,請立法委員協助,並透過大眾媒體廣泛報導和譴責這個網民的行為,公佈其姓名住址,導致許多愛貓人士到這個網民的住處進行示威抗議和人身攻擊,最終迫使其向社會大眾公開道歉,並主動從工作地點辭職。該年八月,農委會完成《動物保護法》的修正草案,並於次年六月於立法院通過。

2007年在中國發生的著名案例包括「錢軍打人事件」和「Electrolux女助理案」,顯示人肉搜索現象的發展已經逐漸從「偶然為之」轉變成有系統的集體行動。打人事件中的作惡者欺凌老人,在幾小時內就被網民揪出,證實其身份,並公佈其和妻子的電話號碼、身份證號碼、地址、工作單位和地點、以及孩子們的學校班級,還有許多人透過電子郵件和簡訊的方式,威脅要殺害他們全家。至於女助理案的受害者則是一個在外商公司工作的女職員,其外籍男友的電子郵件信箱被駭客侵入,並將女職員的照片、身高體重、血型和畢業院校等個人資料公佈在網路上,許多中國網民攻擊她「崇洋媚外」的行為,怒罵「玩弄中國女性」的外籍人士,卻不譴責駭客侵犯個人隱私權的舉動。

到了2008年,人肉搜索已經成為一個主流化的現象,發生在中國和海外的案例不勝枚舉,相關的搜索名詞和程序也成為普通的網路知識。

《部落格療法》

欲知詳情,請見下文。

——原載於2010年三月十三日

人肉搜索引擎（三之二）

　　2008年，中國發生了著名的「姜岩自殺事件」，這個案例的經過複雜和影響深遠，受到中外媒體的廣泛報導。姜岩在丈夫王菲外遇之後從二十四層的高樓躍下自殺，其記載婚姻破裂和其他心路歷程的日記與部落格被公佈後，受到中國網民的熱切關注，僅僅在一星期內就有五十萬次的點擊閱讀，留言也超過五千則。憤怒的網民找出王菲和第三者的個人資料，公佈在網路上，兩人的家庭和工作單位都受到各界網民的騷擾、威脅，還有人到他們家門口噴漆「殺人償命」的字樣。兩人最後也都失去了工作，躲起來不敢見人。

　　這個案例之所以馳名中外的原因，在於王菲於該年四月對中國的「大旗」和「天涯」網站提出告訴，宣稱這兩個網站刊登網民搜索到的各種關於他的個人資訊，嚴重侵犯他的隱私權，更損害了他的個人名譽。該年十二月，北京的人民法庭做出判決，「大旗」網站被罰美金四百四十元，是不值一提的小數目，當初成立網站公佈姜岩日記和部落格的一個朋友也被罰了美金七百三十四元，以示薄懲，至於「天涯」網站則因為移除了王菲的個人資料而沒有被罰。更具諷刺性的是三位法官在做出判決時，特別譴責了王菲的外遇行為，並指出上述對於「大旗」、「天涯」網站和相關人士的故意輕罰，事實上是法庭對於外遇這種不道德行為的表態。王菲當初提出告訴，主要是想獲得美金兩萬元的賠償金，現在可真是得不償失。

　　這是古今中外第一個針對人肉搜索現象而做出的法律判決。在判決前一星期，《中國青年日報》針對越演越烈的人肉搜索現象進行民意調查，一共訪問了兩千四百九十一個網民。調查結果顯示，百分之七十九點七的受訪網民認為這種現象應該受到控制，百分之六十五點五的人覺得人肉搜索可能會成為發洩私怨和進行報復的管道，百分之六十四點五的人認為這是對個人隱私權的侵犯，另外百分之二十點一的人則害怕自己有朝一日也會成為人肉搜索的目標。

《部落格療法》

　　2008年也目睹了另外兩個著名案例的發生。該年五月四川發生大地震之後，有一個女性大學生在網路上發表了攻擊並嘲弄災民的言論和影像，結果引起中國網民的劇烈反彈。網民們公佈了她的姓名住址、學校單位，甚至連她父母已經離婚的細節也不放過，她立刻成為眾人咒罵和威脅的目標，連警方也被迫採取行動而將她逮捕，只是不知道她究竟違反了哪一條確切的法律條文。

　　2008年四月，西藏發生暴動，隨後北京奧運的火炬遊行在全球各地展開，支持和譴責西藏獨立運動的人士也趁機表達立場，在許多場合中都影響到火炬遊行進展。一個在美國念書的中國女學生寫下「支持西藏獨立」的字樣而被拍了照，這張照片被刊登在網路上之後，引起了全中國網民的公憤，他們不但找出了她在中國的身份證號碼、戶籍地址和家人姓名，更公佈了她在美國的活動和居住歷史，有人寫電子郵件威脅要把她「碎屍萬段」，連她在中國的父母都不堪騷擾而必須搬家。

　　在另外一個案例中，有一個西藏人在倫敦、巴黎和舊金山都參與了支持西藏獨立的遊行，他的照片和姓名被刊登在網路上以後，中國網民在幾小時之內就找出了他的個人資料，甚至還附上了網路地圖和他在美國的住宅照片。這個西藏人受到各種電子郵件和電話留言的騷擾威脅，然而他唯一的罪行只是和真正參與了遊行的另一個西藏人同名同姓，原來憤怒的網民只根據名字而進行搜索，結果完全找錯了人，也汙蔑了一個自稱熱愛中國的西藏人。

　　儘管如此，針對人肉搜索現象導致的各種網路暴力，甚至在實際生活中的威脅和攻擊，許多中國網民都覺得無關緊要，甚至是勢在必然。一個攻擊過上述的西藏人（不管哪一個都無所謂）的網民表示：「我們確實詛咒他不得好死，也想看到他下地獄，可是你有看到我們去縱火燒他的房子嗎？我們只不過是想表達自己心中的憤怒而已。」另一個參與了上述攻擊女大學生行動的網民說：「她公開違背了政府關於悼念四川震災死難同胞的命令，使用網路這種迅速而有效的傳播媒介來達到這個目標，因此她應該受到公眾秩序法令的懲罰。廣大網民把她的資料交給警方，所以能把她逮捕。國難當頭，我們中國人應該團結一條心。」

《部落格療法》

　　針對這幾個案例和相關後果,國際媒體對於人肉搜索現象有相當深度的報導。欲知詳情,請見下文。

――原載於 2010 年三月十四日

人肉搜索引擎（三之三）

維基百科 (Wikipedia) 中文版指出：「一般說來，人肉搜索的起因是一個事件。這個事件可以是犯罪行為（如撞人後逃逸），或不違反法律、但為主流道德觀所憎惡的行為（如丈夫外遇而導致妻子自殺），甚至只是一個不合常理的事件的主角（如黃色或暴力行為）。事件發生後，相關人士或純粹對事件真相好奇的人往往在網路論壇上發言，列出已經掌握的人物資料，並號召網民協助查出此人的身份和詳細的個人資料。響應者透過網路、人際關係等手段，尋找到更多的資料，並以總結形式再次發佈在網路上。由於網路的發達和參與人數眾多，人肉搜索的效率和成功率比傳統的搜尋方式要高很多。」

英國泰晤士報網路版 (Times Online) 引述華裔美籍作家暨觀察家徐唯辛 (Xujun Eberlein) 的言論指出：「中國人口眾多，很容易就可以動員大批網民來進行網路搜尋活動，特別是中國目前有許多聰明而受過良好教育的人，在智識上還沒有受到青睞。我認為中國過去五十年來對於思想和事實的刻意壓抑，導致這種能自由獲得和分享資訊的概念特別令人興奮。正義是儒家傳統的五德之一，透過便捷的網路溝通，再加上相關法律內容和實行的貧乏，具有正義感的人便決定自己採取行動。」

有線電視新聞網 (CNN.com) 則指出，除了中國以外，其他地區（包括美國、南韓和一些東南亞國家）也發生過人肉搜索和網路暴力的案例。「一旦個人成為人肉搜索的目標，他們幾乎不可能把這些個人資料從網路移除。資訊在網路上傳遞的速度極快，也很容易複製。非得動員極大的相關力量，以及各個網站擁有者的同意合作，才能把資訊從網站移除。這多少是因為網路不受任何法律管制。網路的力量無遠弗屆，超越國界，使任何相關的法律行動變得極為複雜、昂貴，也不一定能產生實際的效用。以 YouTube 為例，儘管官方網站可以因為法律訴訟而移除任何已經發表的影像，這些影像卻在其他網站上獲得刊登，而與此同時，相關的媒體報導只會引起更多對於這些影像的公眾注意，以及更多

的批評和討論。」

「最令人憂心的網路群眾運動特點，在於大批群眾可以受到動員而攻擊他們心目中的罪犯，而提出控訴的人卻不需要提出任何證據來證明此一罪行的發生。在網路上，群眾可以同時是法官和陪審團。就算他們的行動是為了保護大眾，難道群眾的統治就可以成為社會運作的方法之一？有些人認為網路暴力只會把罪犯變成受害者。如同俗諺所說，即便在網路上，重覆的錯誤並不能導致正義公理的產生。那些把網路當作自由發表言論和表述天堂的人，可要注意了：你可以盡情說自己想說的話，但要知道，公眾正在看著你。」

最後，華爾街日報 (The Wall Street Journal) 指出：「眾所皆知，中國的網路偵緝隊曾經迫使那些從事反社會行為、虐待動物、外遇或似乎對中國有所不忠的人失去他們的隱私、安寧和工作。這種現象後來引發了許多省思，試圖為中國瘋狂發展的網路文化建立起一些合理的限制，最近的幾場法律訴訟也都顯示出規範網民行為的傾向。儘管如此，近年來一連串牽涉到政府官員的案例可以證明，這些惡名昭彰的人肉搜索引擎參與者似乎已經開始把目標移到高階層人士的身上。他們最新的目標是南京市的一個姓周的地方政府官員。眼光銳利的網路使用者在照片中發現他戴的是價值十萬元人民幣的手錶，坐在桌旁抽的也是價值一百五十元人民幣一包的香煙。透過進一步的偵查，網民們發現周姓官員上班時間開的是一輛凱迪拉克轎車。這些肆無忌憚的闊氣展示引起了網路公憤，有些人甚至向有關單位提出申訴，導致官方對周姓官員的資產進行調查。」

「一星期之後，周姓官員被解雇了。官方初級調查的結果發現他挪用公款購買私人使用的高級香煙。這項迅速的成果也許顯示了：在這經濟不景氣的年代裡，人民對於政府官員的看法與判斷往往特別敏感。的確，1989 年的民主抗爭，主要導因之一便是人民經濟狀況的日益惡化，以及對於政府官員貪污的申訴。儘管如此，面對人肉搜索引擎現象至目前為止已經造成的一些極端性後果，也許政府官員們再過不久就會開始要求實施對於自己的各種保障，以避免受到網民的調查和侵擾？」

《部落格療法》

　　關於人肉搜索，有興趣的人可以自行上網閱讀更多資訊。請千萬一定要看看中國谷歌 (Google.cn) 在四月一日愚人節開的一場玩笑：「谷歌人肉搜索」(http://www.google.cn/intl/zh-CN/renrou/index.html)。

－－原載於 2010 年三月十五日

網路第二代

我們目前所熟知的網際網路,事實上已經是第二代了。這分代的標準不像電腦硬體那樣以科技進展計算,而是在於使用者所扮演的角色和參與的程度。簡言之,網路第二代的重心在於「人」:人對於科技的了解和使用,對於知識的追求和分享,對於群體的參與和互動。網路的存在和發展都是為了滿足人的需要。

網路第二代 (Web 2.0) 的本質可以用「服務」和「分享」兩個詞來形容。所有的技術革新,所有相關通訊軟體的運用和連結,都是為了達成分享資訊以服務使用者的目標。舉例來說,網路第一代 (Web 1.0) 的網頁是靜態的,雖然可以充滿文字和圖像,功能卻限於資訊的展示和傳遞。後來隨著網站內容管理系統的發展 (Web 1.5),架構網站的人可以設計程式,隨時增添或更動網路資料庫的內容,同時立刻製作全新的網頁而公佈在網站上,可以算是比較基本的動態展示了,網頁的點擊率和外觀也因此而變得重要起來。

到了網路第二代,網頁的動態化更加普遍,一方面增進了資訊傳達和吸收的效率,一方面也加強了網路使用者和資訊公佈者的互動,更促成了網路使用者彼此之間的溝通和協調。所謂的「資訊公佈者」不再只限於架構網站的人,也包括了所有的網路使用者。所謂的「資訊」也不再只限於架構網站的人所固定提供的訊息,而包括了網路使用者對於此種訊息的感想、回饋、辯駁、甚至否認,以及網路使用者彼此之間分享的心得。這種自由而多樣化的資訊交流,任何網路使用者都可以隨時而迅速地接收、回覆並分享資訊,便是網路第二代最顯著的特色。

網路第二代的概念最早形成於 1999 年,主要的討論重點在於網路和其他通訊軟體的結合和設計。到了 2003 年,這個名詞再度風行起來,到 2004 年則達到巔峰,一般人對於網路作為資訊溝通和服務平台的概念也逐漸形成。有人引述著名管理學者彼得・杜拉克 (Peter F. Drucker) 的話,認為「資訊科技」(information technology, or IT) 之所以能促進人

類社會的進步和發展,主要在於「資訊」的互動和分享,而不在於「科技」如何精湛或普及。這個看法相當正確。透過網路使用者之間的各種聯繫、互動、分享,網路第二代成為一個以「人」為主的服務平台,其應用的技術越是開放、創新,使用者也越多而越投入,資訊傳遞的速度越快,網路的規模也因之而越廣闊、普遍。

根據提姆・歐萊禮(Tim O'Reilly,美國著名的電腦資訊書及出版公司負責人)的分析,網路第二代在應用上有一系列的關鍵原則。這些原則之中,最重要的應該算是「資訊的重要性」、「駕馭群眾智慧」和「網路效應」。

所謂「資訊的重要性」指的不僅是資訊本身的內容,也是資訊呈現、傳達和表述的方式。隨著網路第二代的普及,資訊不再是只有少數人能擁有的產業,取而代之的是「公民記者」(citizen journalism) 和「部落格」(blogging) 現象的興起和蓬勃,任何人都能用各種便捷的通訊軟體收集、報導、詮釋和轉述新聞,直接鼓勵多元化的大眾聲音,間接促進了民主自由的發展。這種資訊大量流通的現象,使許多人誤以為資訊是廉價、甚至免費的,更忽略了資訊的價值在於其正確性、客觀性和迅捷性。事實上,我們與其問「誰擁有資訊?」,不如問「誰能正確、客觀而迅捷地表述資訊?」,在前者喪失對於資訊獨裁、扭曲力量的同時,後者卻能真正掌握資訊的素質和時代潮流,獲得廣大網路使用者的信任,進而取得商業發展的優勢。

「駕馭群眾智慧」一詞從英文的 harnessing collective intelligence 翻譯而來,其前提在於個人能對自己關於某種事物的看法有信心,願意公開分享這種看法,同時信任這種看法在透過媒體(包括網路)公開分享之後能對大眾福祉產生助益。網路第二代在「駕馭群眾智慧」方面最有名的例子是維基百科 (Wikipedia),最能產生商機的例子則是奠基和發展於美國的亞馬遜網路書店 (Amazon.com)。維基百科以各種語言分類,由全世界的網路使用者義務撰寫、編輯所有網頁,久而久之便形成了網路上最普及而便捷的百科全書。亞馬遜網路書店以單項書籍或產品為基礎,邀請全世界的讀者和使用者進行評論,其他人更可以提出補充、辯

論，因此形成極為有用的資訊儲備，就算是不向亞馬遜網路書店購買產品的人，也習慣參考這個網站提供的產品相關資料，進而增加了網站的價值。

最後，所謂「網路效應」指的是，隨著以服務使用者為宗旨的網路設計和網站架構而產生的商業發展和經營模式，無論是軟硬體的設計都趨向於便利、快速、互動，透過網路使用者的參與而簡省了研究發展的費用，更透過網路使用者彼此之間的交流分享而進行免費的廣告傳播。網路第二代的商業經營模式強調「小而美」，網路介面容易使用，使用者可以立即獲得利益，更可以迅速提出反饋。和傳統重資重利的經營模式比起來，網路第二代更可以鼓勵個人事業的興起和持續。由於個人投入的時間和資金不像大型企業那樣可觀，在轉移經營走向、擴張或減少經營規模、乃至於經營失敗而東山再起的時候，需要考慮的因素不多，損失也會有限。

網路第二代促成了「人」的社會的發展，更增進了民主理念的推行和實踐。未來十年中，毫無疑問，「你」就是網路世界的主人。

——原載於 2010 年四月九日

《部落格療法》

「維基揭密」始末（三之一）

綜觀最近轟動全球的「維基揭密」(Wikileaks) 一案，各界讀者首先要注意的是「維基揭密」和「維基百科」(Wikipedia) 是兩個完全不相干的機構，不能牽連在一起。其次，「維基揭密」和坊間擅於爆料八卦醜聞、力求腥羶聳動的二流媒體完全不一樣，應該算是專業的新聞媒體。最後，就世界各國對「維基揭密」及其負責人朱立安・阿桑奇 (Julian Assange) 的報導來看，這件案子儘管可以從許多方面來進行研討，卻絕對不能像一般人所想像的那樣，被視為一件間諜案。

「維基揭密」官方網站於 2006 年十二月成立，自稱由「來自美國、台灣、歐洲、澳洲和南非的中國異議份子、新聞記者、數學家和新興科技公司的技術人員」所創立，其「主要宗旨在於暴露亞洲、前蘇聯勢力區、撒哈拉以南的非洲和中東的壓迫政權，然而我們也希望協助全球各地渴望揭露政府或企業集團不道德行為的人們」。至 2009 年為止，「維基揭密」宣稱其資料庫中已經儲存了超過一百二十萬份機密文件。自 2007 年一月起，阿桑奇成為「維基揭密」的總編輯和公眾代言人。儘管這個非營利性的媒體機構有一個顧問團和超過一千兩百位獲得正式登記的志工，一般大眾多半認為阿桑奇就是「維基揭密」，「維基揭密」也就是阿桑奇。

這阿桑奇是何許人也？他於 1971 年出生於澳洲的昆士蘭州，年少時期就是一個膽大心細的電腦駭客，曾經侵入澳洲、歐洲和北美的許多重要網路系統，並經澳洲聯邦警察調查、逮捕，被法院處以罰鍰。這個經歷培養了他增強電腦和網路安全系統的能力，也使他擅長於資料庫和各種操作軟體的加密。他從 1997 年以來參與設計的幾個加密程式有一個特別的目標，就是保護人權工作者的團體和個人資料不至於外洩。這是他首次表現出對於人權的關懷。

阿桑奇寫過兩篇專文介紹「維基揭密」的運作原則：「為了徹底改變各國政權的行為，我們必須仔細而大膽地思考，因為我們自始至終學

到的一件事就是：這些政權根本不想做任何改變。我們必須思考前人所從未思考過的，且發掘各種科技方面的進展，足以使我們有能力策畫前人所沒有能做到的行動。」他又寫道：「一個組織越是隱密、不公，各種秘密的洩漏就越能使其領導階層驚慌恐懼。這些不公不義的運作系統在本質上就會吸引各種反動勢力，而這些反動勢力又多半沒有實際的對抗能力。因此，大量的秘密外洩足以削弱這些運作系統的力量，使那些有心用更公開的運作方式取代它們的人有機會成功。」

阿桑奇宣稱「維基揭密」至今為止已經揭露的秘密文件比全世界的媒體加起來還要多，這不是誇耀「維基揭密」有多成功，而是深切地對比出其他媒體沒有能盡責的事實。他推崇的是「透明」而「科學化」的新聞報導，這也就是說，新聞報導應該像科學家提出研究論文那樣，每一字每一句都有詳實、正確且明晰的資料作為證據。在這樣的要求之下，「維基揭密」在揭露各種機密文件時並不只是轉述、摘錄或提出簡介，而是真切地把原始文件展現在讀者眼前，讓讀者自己做出公斷。

「維基揭密」於 2008 年獲得《經濟家》(Economist) 雜誌頒發的「新媒體」獎 (New Media Award)。其於該年報導了肯亞國家人權協會的一份官方文件，揭露該國警方濫殺人民的事實，因此於次（2009）年獲得國際人權組織 (Amnesty International) 頒發的英國媒體獎 (UK Media Award)。到了 2010 年四月，「維基揭密」公開了美國在伊拉克錯殺當地人民的錄影帶，又於七月和十月公佈了美軍在阿富汗和伊拉克的許多不為人知的秘密軍事行動，因此開始引起美國政府的憤怒。該年十一月，「維基揭密」開始大量公佈美國的各種機密外交電報，在其所擁有的二十五萬一千份文件之中，有百分之五十三只是一般性的檔案，另有百分之四十列為「保密」(confidential)，真正列為「機密」(secret) 的只有百分之六。

有人以為阿桑奇利用自己電腦駭客的知識和技巧侵入各大機構的秘密檔案系統，或號召一群志同道合的駭客共同進行滲透或破壞各國機密文件資料庫的任務，這是不正確的。阿桑奇不是間諜，「維基揭密」也不是什麼恐怖組織。事實上，「維基揭密」所能掌握的文件都是由來自

世界各地的匿名人士提供的,如果不是具有政治、外交、歷史或道德方面的重要性或爭議性,「維基揭密」也不會輕易採納。這些文件在「維基揭密」內部經過詳細的審核和求證,只有符合其編輯原則的文件才會被揭露。隨著這些機密文件的公開,全世界的讀者也因而成為公審,且不說「維基揭密」絕對不會公佈任何假造或誤導性的文件,就算這種意外確實發生,千千萬萬讀者也可以自由指出其錯誤。

後記:以下是我對讀者留言的回應。

「我覺得『維基揭密』一案至目前為止還只是少數人茶餘飯後的閒聊話題,儘管主流媒體在阿桑奇自首以後有所報導,且程度比較深入頻繁,一般人對這件事還是有相當的誤解,且因為是『茶餘飯後的閒聊話題』而不免任意進行聯想、牽連,更加深了以訛傳訛的程度。這是我希望能協助避免的現象。」我又寫道:「我想透過這一系列三篇文章指出的是,其實所謂〔揭密〕的管道和機密一直存在,也就是我們的新聞媒體,但是這些管道和機會日益萎縮凋零,更受到政治和商業利益的腐蝕,以至於無名英雄固然沒有機會出頭,就連應該是『有名英雄』的新聞媒體本身也逐漸喪失發聲的權益和勇氣。

「『維基揭密』一案確實和水門事件 (Watergate Scandal) 有些相似,也難怪阿桑奇本人把一連串美國外交機密電報的洩漏事件稱之為 **Cable Gate**。這種概念上的簡化可以輕易喚起大眾對於水門事件醜聞的回憶和想像,是相當有力的手段。然而細看水門事件的經過,可以發現『維基揭密』一案和水門事件其實大不相同,這也是看似複雜的事情之所以不能輕易理出簡潔頭緒的原因。眾所周知,水門事件起因於 1972 年美國總統大選期間,對於一樁華盛頓水門大廈侵入案的調查,由於被侵入的是民主黨的全國委員會辦公室,侵入的五人之中又以共和黨尼克森總統競選團隊的首席安全顧問為首,這件事才引起各方面的關切,之後又隨著尼克森在 1973 年間接二連三試圖干擾司法調查的舉動而越演越烈。

「從水門事件於 1972 年發生,到尼克森於 1974 年辭職,《華盛頓郵

報》的兩位記者對整件事進行了一系列的追蹤報導,其中一位記者本就認識『深喉嚨』這個前任政府官員,因此『深喉嚨』願意就水門案件提供內幕消息,而《華盛頓郵報》的編輯也力挺兩位記者的調查與採訪。在之前的 1971 年中,《紐約時報》和《華盛頓郵報》曾經成功地打贏了報導『五角大廈文件』的官司,迫使政府尊重新聞媒體隱瞞機密消息來源的特權,因此《華盛頓郵報》在報導水門事件的時候沒有遇到太大的阻力。

「因此,反觀『維基揭密』一案,阿桑奇扮演的角色其實不能算是《華盛頓郵報》,因為『維基揭密』只在確認屬實之後公開匿名人士提供的機密文件,而沒有參與或介入這些機密文件的提供過程。『維基揭密』本身也沒有和這些匿名人士保持聯繫或要求更多機密文件的提供,這和當時《華盛頓郵報》的記者與深喉嚨之間的密切連絡是不一樣的,而這也是美國政府之所以不能以現有的間諜罪控訴『維基揭密』的主要原因。

「水門事件同時也突顯了主流媒體的職責和道德感,像《紐約時報》和《華盛頓郵報》一類的大報足以和政府抗衡,透過法律程序對抗並譴責政府的打壓,而政府在打輸官司之後也俯首認錯,主要官員甚至下台走人。反觀『維基揭密』一案,『維基揭密』本身不是主流媒體,卻堅持了主流媒體所應具備的專業素養和水準,更因為透過網路報導各種資訊,而造成比主流媒體所能達到的更大傳播力和殺傷力。反觀美國政府,在無法動用法律程序控制『維基揭密』之餘,竟然重施故技,對『維基揭密』進行各種打壓,除了在公開場合進行言語和行動上的侮蔑,更迫使其他網路業者在幕後配合封鎖,至今已經引起了各國媒體工作者、主流知識份子和意見領袖的公憤。

「至於阿桑奇因為性侵案而遭到瑞典警方逮捕,一方面固然是他個人行為有待瑞典法律的評斷,一方面也確實有人懷疑這是出於美國的授意,因為起訴和通緝期間實在有太多疑點。如果阿桑奇本身沒有先和人發生性行為,瑞典警方自然也沒有調查他的必要,這也許可以算是他本人的百密一疏。我同意,這件案子〔如果再這樣爆料下去,不知道還會

演變出什麼結果〕,然而政府有遵循公平、公正、公開原則的責任,人民也有知的權利。何況『維基揭密』本身並沒有做出任何觸犯法律的行為,不應該遭到如此不公平且無孔不入的打壓。這是我個人的看法。」

——原載於 2010 年十二月十三日

《部落格療法》

「維基揭密」始末（三之二）

前一篇文章簡單地介紹了「維基揭密」(Wikileaks) 的成立背景，以及其運作方式和原則。由於「維基揭密」本身不透過各種管道取得任何機密文件，只是把這些文件公佈出來，包括美國在內的各國政府雖然因為自己的秘密文件被揭露而氣得跳腳，卻很難實際地採取任何法律行動來制裁。

美國於 1789 年通過的憲法第一條修正案 (First Amendment) 明確地指出：「國會不得制定關於下列事項的法律：確立國教或禁止信教自由；剝奪言論自由或出版自由；或是剝奪人民和平集會和向政府請願申冤的權利。」美國的最高法院也曾經做出多次判決，容許美國的新聞媒體刊登透過非法管道取得的資訊，前提是這些媒體本身在得到這些資訊的過程中沒有違法。也許有人建議美國政府以竊盜國家財產之名起訴「維基揭密」，但是這也行不通，因為「維基揭密」所公佈的各種機密文件屬於智慧財產權，而不是實際財產。更何況，如果美國要對「維基揭密」的公眾代言人暨總編輯朱利安・阿桑奇 (Julian Assange) 採取任何法律行動，就得先把他弄到美國境內，然而因為這個網站的總部目前設在瑞典，光是從瑞典遣送阿桑奇到美國的法律程序本身就夠複雜費時了。

在保障新聞媒體及其秘密資訊來源的權益這方面，瑞典可以說是全世界擁有最完善法律的國家之一，這也是「維基揭密」為什麼要把總部設在瑞典的原因。儘管如此，目前瑞典警方聲稱阿桑奇涉嫌的性侵案，本身在司法程序和起訴時間上已經有多重疑點，瑞典政府更採取非比尋常的「殺雞用牛刀」策略，透過國際刑警組織 (International Police Organization, or Interpol) 下達最高層的紅色通緝令 (Red Alert)，要求所有歐盟國家配合拘捕並進行引渡。這不得不令人懷疑瑞典政府的動機，以及其是否受到包括美國在內的第三者勢力影響。

阿桑奇在倫敦向警方自首，一方面是為了保障自身安全，同時把

「維基揭密」一案帶入主流國際媒體的報導層次，充份引起各國民眾的注意，一方面卻也已經進行了萬全的準備，不但有多位國際法律專家和重量級律師的支持，更安排「維基揭密」繼續公開各種機密文件，不因為他個人的缺席而停止運作。

的確，在阿桑奇主動出面之前，各種對於他本人和「維基揭密」的攻擊都是在檯面下進行的，除了少數美國政界人士曾經公開宣稱阿桑奇應該被視為「恐怖份子」而以「暗殺」手段處理了事之外，包括美國網域名稱系統經營者 EveryDNS、亞馬遜網路書店、資訊傳輸公司 Tableau Software、PayPal、MasterCard 和 Visa 兩大信用卡公司、以及瑞士銀行 PostFinance 等機構，都在事先毫無公開警告或解釋的情況下停止對「維基揭密」的服務，連網路社交論壇 Twitter 也突然停止統計各種關於「維基揭密」和阿桑奇本人的意見發佈究竟到了如何受歡迎的程度。這些驟然的轉變不得不讓人疑心，美國政府對這些工商團體究竟施了多大的壓力，才能迫使他們改變自己的營運方針。

尤有甚者，美國政府於十二月三日通令所有公職人員和供應商不得接觸「維基揭密」所公開的各種機密文件，美國國務院的官員更私下警告哥倫比亞大學 (Columbia University) 的學生不要在 Twitter 或 Facebook 一類的網路社交論壇上討論「維基揭密」一案，以免影響到他們將來申請公職的機會。

中時部落格於十二月九日刊登〈維基揭密：點燃美國就業白色恐怖〉一文，針對美國政府的這一系列行動提出了結論：「『維基揭密』風暴展現出網路傳播的威力，而美國政府全力打壓『維基揭密』網站，更暴露出連標榜言論自由的美國政府也會恐懼網路傳播自由。……事實證明任何政府都會害怕網路傳播的威力和殺傷力，必要時都會加以打壓和封鎖，甚至製造白色恐怖。國家安全和網路自由難以兩全。」

面對來自美國的強大壓力，包括英國、德國和澳洲在內的許多國家都被迫對阿桑奇和「維基揭密」提出譴責，這引起眾多網民的反彈，成千上百個「維基揭密」的複製網站突然出現，宣誓要繼續其志業。有趣的是，「維基揭密」早在七月底就公佈了所謂「保險檔案」(insurance files) 的大批加密文件,一旦這個組織和阿桑奇本人喪失行動能力,這些文件就會被公開,而對全世界的政治、外交、經貿、乃至於科技發展造成極為驚人的震撼和影響。有人預測這一系列機密文件可能和美國的銀行界有關,消息一公佈,美國股市馬上重挫三點,可見「維基揭密」的威力驚人。

——原載於 2010 年十二月十四日

「維基揭密」始末（三之三）

　　先前的兩篇文章簡單地介紹了「維基揭密」的運作背景和原則，以及其近日在國際上引起的巨大政治與外交風波。然而綜觀「維基揭密」這個到目前為止還在風風火火地發展的案子，最值得我們檢討與深思的是，其對於網際網路、國際外交、乃至於新聞媒體的未來發展能（或已經）造成什麼影響。

　　網路的傳播能力是眾人皆知的，網路的殺傷力也是許多人能心領神會的，然而一般人很少會去思考的是網路的不滅性和抗壓性，也就是說，網路所提倡和保障的資訊自由和言論自由，究竟能承受來自於現實世界的多少干擾。當今世界各國科技發展的普遍和深入已經承諾了網路的不滅性：就算第三次世界大戰爆發而各國夷為平地，所有的網路連結纜線依然會在地底和海洋深處存在；就算全世界的人口盡數被消滅或是全部被噤聲，只要還有人活著，又擁有手機和上網的管道，消息就傳得出去，世界上也沒有任何秘密。

　　舉例來說，在2009年的伊朗總統大選期間，超過三百萬的民眾走上街頭抗議選舉不公，要求政府進行改革，實現自由和民主。這場群眾騷動受到伊朗政府的嚴厲打壓，不但派出軍隊鎮壓，更殺害、逮捕了數百人。因為伊朗政府對傳統新聞媒體的管制、封鎖和驅逐，這些侵犯基本人權的政治迫害消息無法傳播到西方世界，然而伊朗民眾廣泛利用新興的網路通訊技術，如 Twitter、Facebook、YouTube 和網路代理服務 (Proxy)，用手機錄下示威和政府鎮壓的實況，然後立刻透過網路傳播到全世界的觀眾眼前。這是網路通訊技術的勝利。

　　以「維基揭密」一案而言，各國政府能透過政治和商業手段而影響網路運作的程度，是相當驚人且可怕的。一般大眾也許熟知某些國家或地區對於網路的管制和監督，也可以在某種程度上體會、接受並志願配合對於某些網路內容的過濾（例如暴力和色情），然而今日的「維基揭密」一案之所以引起國際公眾的矚目，便在於其雖然只是單純地作為一

種傳播訊息的新聞媒體，卻因為傳播內容不討幾個國家的歡心而面臨各種打壓，透過對其網域名稱 (domain name) 和網路托管服務 (Internet hosting service) 的取消、網站的封鎖 (denial-of-service attack) 和侵入 (hacking)、乃至於訊息和資金傳送服務的劫掠與關閉，而試圖趕盡殺絕。這不禁讓人懷疑我們一般日常生活中對於網路的使用，究竟在多少程度上受到各種不明力量的監視和操控？我們因為網路而得以享受的言論和資訊自由，究竟是不是真正的自由？

在國際外交的運作方面，一般大眾可以體諒各國政府在政策和行事上保有適度的隱密性。事實上，綜觀「維基揭密」所揭露的各種機密文件，有許多都只是各國外交人員過去對於彼此的評論，公開出來也許會造成尷尬，對於當今或未來的國際外交運作卻不見得會產生實際而深遠的影響，一般大眾也不見得會有興趣知道。

儘管如此，必須探討的課題是：各國政府還能這樣勾心鬥角多久，又如何能透過各種訊息的隱瞞而謀得一己的政治或外交利益，卻把一般大眾瞞在鼓裡。以「維基揭密」揭露的機密文件而言，牽涉到的不僅是各國政府的秘密政治、經濟、軍事和外交運作，更包括各大企業財團的掠奪和藏私，乃至於對升斗小民的欺瞞與壓迫。如果如「維基揭密」一類的新聞媒體都受到打壓而不敢出聲，那麼這些秘密永遠也不會有見天日的機會，一般人民繼續辛勞工作，過著自己衣食無憂的日子，或者掙扎著維持基本的溫飽，卻絲毫不知道自己的權益早已經嚴重受損。所謂「人民有『知』的權利」，這句話的重心不在於人民究竟有沒有興趣或需不需要知道某一件事的來龍去脈，而在於他們一旦有興趣或需要知道的時候，這件事的細節能不能順利且完全地公開在大眾眼前？還是會被各國政府私心隱瞞？

由此，我們必須探討新聞媒體的責任。「維基揭密」和阿桑奇本人之所以推崇「透明」而「科學化」的新聞報導，主要原因在於當今世界上的許多媒體已經成為政治和經濟利益的打手，或是因為各種壓迫、威嚇而不敢出聲，因而無法真切而詳實地報導各種值得報導的新聞。「維基揭密」揭露的眾多機密文件為什麼能有無數匿名人士志願提供？為什

麼這些人不向傳統的新聞媒體通風報信？而就算傳統新聞媒體確實接到了消息，他們是否會願意且有能力進行深入的調查和客觀公正的分析？面對來自政府高層和利益團體的壓力，這些調查和分析的結果真的能順利展現在一般民眾眼前嗎？

也許這正是傳統新聞媒體和網路科技結合的最大優勢：在當前廣播、電視、報紙、雜誌、乃至於書籍等傳播行業因為網路的普及與深入而日漸蕭條的同時，新聞媒體也因為網路的普及性和深入性而能即時把各種訊息傳送到全世界，並且促進作者、讀者和論者之間的互動，達到一己傳播而鼓勵輿論發展的責任。以「維基揭密」一案而言，面對各國政府的強大壓力，英國的《衛報》(The Guardian) 照樣為阿桑奇舉辦網路論壇，美國的《時代》(Time) 雜誌也照樣把他列為年度風雲人物的候選人之一，這兩個傳統新聞媒體堅守自己的崗位，徹底發揮了新聞記者自「水門事件」(Watergate scandal) 以來便不畏懼惡勢力、乃至於勇敢向惡勢力挑戰的精神，這是因為他們體認到「維基揭密」的角色其實只是一個盡責的新聞媒體，且不論「傳信人」(messenger) 不應該被殺，就算是兩國交戰時也不斬來使。

更重要的是，如果所有的傳統新聞媒體都能像《衛報》和《時代》雜誌一樣，體認到一己的堅守崗位對一般大眾可以產生什麼樣的典範作用，那麼「維基揭密」其實也沒有存在的必要。事實上，阿桑奇在向警方自首前夕曾經透過各國的傳統新聞媒體發表了許多言論，因而引起一般大眾的注意和關切，這充份證明：像「維基揭密」一類的網路新聞媒體雖然風有機會行，傳統新聞媒體卻依然有存在的必要，也依然在一般民眾心中保有相當的價值。

事到如今，越來越多的媒體已經聲明支持「維基揭密」的立場：在他們眼中，「維基揭密」只是盡了一般專業新聞媒體所應盡的責任，也就是負責任地公開政府希望隱瞞一般大眾的文件，因此任何試圖關閉「維基揭密」網站、以及脅迫和該網站有業務往來的商業機構的行為，都是對民主的嚴重威脅――這是因為，民主的維繫端賴於自由而無懼的新聞媒體。

《部落格療法》

――原載於 2010 年十二月十五日

部落格是私人空間嗎？

最近在網路上潛水，不經意地瀏覽到幾位讀者針對某一篇部落格文章的留言對話，覺得非常有意思，因此在這裡提出來和大家討論。這段對話的重點在於：部落格是不是私人空間？

我在很久以前的一篇文章〈部落格療法〉中提到：「目前網路上的部落格何止成千上萬，這符合了當初網際網路成立的宗旨之一，也就是促進民主的觀念。每個人都有聲音，每個人也有管道來表達自己的思想感受，每個人更有無窮的機會去接觸並了解這些思想感受，同時立即把自己的反應傳送出去，進而引起更多迴響。這是網路之所以造福人類的最大功用：協助人與人之間立即而直接的溝通。」

基於這個看法，也許有人會把部落格視為傳播媒體的一部份。不管是客觀的資訊，還是主觀的抒情或評論，一旦作者選擇使用網路這個公共媒體傳播出去，其內容就展現在無數讀者眼前，供人欣賞、引用、批評、反駁、甚至攻擊。正因為如此，作者的部落格不能算是私人空間，因為這個空間對外開放，讀者可以透過作者對於客觀資訊的選擇和陳述方式，或其主觀抒情和評論的內容，而對作者進行一定程度的了解。

從另外一個角度來看，作者在開張部落格的同時，可以透過各種方式保護自己的隱私權，例如使用筆名，以及在創作時隱去所有關於私人生活的細節。讀者如果沒有特定的管道和技術，不能探知作者的真實身份。作者的創作內容只要不違背法律所認定的公眾輿論責任，任何人也沒有權利予以干涉或管制。這一方面是對於作者自由創作的尊重，一方面也是對於讀者的要求。也就是說，讀者在經過作者允許而進入其私人空間的同時，不得對作者的個人權利進行侵犯。

如此看來，部落格確實算是私人空間了？作者選擇對一般大眾開一扇窗，誰都可以探頭進來張望，這是作者出於自由意志而選擇放棄一小部份的個人隱私權。讀者在路過而選擇探頭張望之餘，不得依個人主觀意見批評或攻擊所見的室內風景是否合意，不喜歡的話大可掉頭就走，

這是讀者對於作者私人空間的尊重。

又有人會認為，當今學界和業界對於網路是否侵犯個人隱私的爭議，也許可以應用在部落格上。這些爭議的重點主要有二。首先是如「臉書」(Facebook) 一類的社交性網站，少數不肖人士可以透過假身份而贏得他人信任，藉以達到騙財騙色的目的，使用者的個人資料也可能會因為眾多好友無止盡的連結、乃至於網站經營者與其他業者的合作而外洩，導致個人隱私權受到侵犯。其次，商業網站可以監測使用者的瀏覽習慣和歷史，例如某些特定網頁的點閱次數或某種特定的搜索詞句，而分析使用者的個人興趣，進一步推出特定相關的廣告來吸引使用者的注意，以提高推銷產品或服務的成功率。舉例來說，美國的亞馬遜網路書店就能記錄使用者的瀏覽歷史，因而在其下一次使用網站的時候特別展示出各種相關產品，甚至在這些相關產品新進或減價的時候寄出特別的電子郵件給使用者，提醒他們：你好久沒買這一類的產品了，何不來我們的網站看看？

這些關於網路業者經銷手段的爭議確實值得一般大眾關切，相關隱私權的侵犯和保護問題也令人憂心，但是，這些爭議是否能應用到部落格上呢？

首先，部落格雖然因為作者和讀者可以交流而具備社交性質，雙方確都可以透過筆名的使用而保護個人的隱私權，就算兩者之間因為意見不合而產生糾紛，多半也只限於言語上的攻擊和抵禦。當然，如果格主的真實身份本來就是老嫗皆聞，他或她可能會在現實生活中受到讀者的騷擾。

其次，部落格可以透過刊登廣告或為特定商品或服務宣傳而具有商業性，甚至出於作者的主觀角度而具有政治性，這是作者有選擇地放棄其私人空間的客觀性和獨立性，讀者如果覺得自己閱讀的樂趣受到侵犯，可以自由選擇「轉台」，卻不能聲稱或批評這是作者對於讀者隱私權的侵犯。儘管如此，當今在西方有學者倡議部落格經營的道德規範，這雖然重要，其實際效果卻要看作者能否自律。這七條規範包括：

1. 對自己在部落格中發表的言論負責,也對自己所引用的各種言論負責;
2. 在部落格中明確宣告自己所能接受或不能容忍的讀者回應;
3. 刪除在部落格中出現的不當讀者回應;
4. 對所有「網路怪獸」(Internet trolls) 不理不睬,也就是那些刻意發表攻擊性、煽動性或非關主題的言論的讀者;
5. 不在部落格中進行私人性的對話,只進行直接而公開的對話;
6. 如果發現有人在部落格中言語失當,則明確指出;
7. 不在部落格中發表自己在現實生活中不會發表的言論。

　　那麼,讀者是否也應該遵循類似的規範呢?我以為答案是肯定的。作者和讀者透過部落格的交流和討論是值得鼓勵的行為,然而如果大家都變成「網路怪獸」,無所不用其極地進行人身攻擊、貶抑、嘲諷、乃至於泛政治化的侮蔑,那麼部落格作為網路媒體之一,其鼓勵民主和言論自由的宗旨也不復存在。

　　總結以上討論,我個人傾向於同意「部落格屬於私人空間」的看法,然而無論是作者和讀者,在這個「頗具公開性的私人空間」裡(借用某讀者言)都應該遵循常識性的道德規範,也就是連三歲小孩都知道的「非禮勿言,非禮勿聽,非禮勿動」,更不應該輕易用自己的主觀價值去判斷、衡量別人。只希望,即使是在網路世界裡,我們也能擁有一個奉公守法、知書達禮的社會,那麼即便是作者和讀者透過部落格而打起轟轟烈烈的筆戰,只要雙方都能理直氣和,溫柔敦厚,那也是精彩而值得欽羨的。

――原載於 2010 年十一月二十九日

www.ingramcontent.com/pod-product-compliance
Lightning Source LLC
Chambersburg PA
CBHW071351080526
44587CB00017B/3055